CB140683

A FILOSOFIA DA BHAGAVAD-GITĀ

QUATRO CONFERÊNCIAS POR

T. SUBBA ROW

A FILOSOFIA DA
BHAGAVAD-GITĀ

QUATRO CONFERÊNCIAS POR

T. SUBBA ROW

XI CONVENÇÃO ANUAL
DA SOCIEDADE TEOSÓFICA
ADYAR, DEZEMBRO DE 1886

TRADUÇÃO:
MARCELO LUZ E FERNANDO MANSUR

EDITORA
TEOSÓFICA

Título do original em inglês:
Philosophy of Bhagavad-Gitā
Theosophical Publishing House
Chennai, Índia, 1912.

R876
Row, T. Subba
A Filosofia da Bhagavad-Gitā/ T. Subba Row; Tradução de Marcelo Luz e Fernando Mansur – Brasília: Editora Teosófica, 2019.
132 p.
Título original: Philosophy of Bhagavad-Gitā
ISBN 978-85-7922-208-5

1. Filosofia Oriental II Hinduísmo III. Título

CDD 181

Revisão: Bruno Carlucci e Zeneida Cereja da Silva
Diagramação: Ana Paula Cichelero
Capa: Tiago Portes
Impressão: Gráfica Papel e Cores,
comercial@papelecores.com.br

SUMÁRIO

PREFÁCIO

A *Bhagavad-Gitā*[1], isto é, *Sublime Canção*, também designada como *Canção do Senhor*, é uma das mais importantes escrituras sagradas do Hinduísmo. Para contextualizar, é importante informar que o respectivo texto está contido na grande e antiga epopeia hindu, intitulada *Mahabharata*.

O texto descreve a grande batalha de Kurukshetra entre duas famílias, os Kurus e os Pândavas, pela posse de um dos reinos mais importantes da civilização ariana. As partes principais são os diálogos entre Krishna e Arjuna, que muitas pessoas interpretam como uma história, mas os brâmanes, religiosos hindus, informam desde a antiguidade que essas reflexões entre os dois devem ser entendidas buscando o seu sentido esotérico ou espiritual, assim cada leitor deve se esforçar para penetrar no seu mais profundo sentido.

Para que os leitores tenham uma dimensão da importância desse autor, no volume I de *A Doutrina Secreta*, H.P.B. informa na p. 201:

"O pequeno artigo aqui incluído se deve à pena de T. Subba Row, sábio vedantino. Prefere ele a divisão bramâ-

---

[1] Existe uma outra publicação da *Bhagavad-Gitā*, editada pela Ed. Teosófica, em formato de bolso, e comentada por Annie Besant, 2ª ed., 2019, tradução do original em inglês da The Theosophical Publishing House, Chennai, Índia, e essa edição também poderá ser utilizada para estudo. (N. E.)

nica do *Rāja Yoga*. Do ponto de vista metafísico, assiste-lhe toda razão. Mas, por ser uma questão de simples escolha e conveniência, adotamos a classificação trans-himalaica, consagrada pelo tempo da "Escola Esotérica Arhat". Veja as definições extraordinárias de *Parabrahman* e o *Logos* nas palestras de Subba Row sobre a *Bhagavad-Gitā*".

Outras citações foram feitas por ex-presidentes da Sociedade Teosófica sobre o autor e suas conferências, no livro *Um Discípulo Solitário*, monografia de T. Subba Row, 1856-90, que transcrevemos a seguir, a ser publicado pela Editora Teosófica em 2020.

– Coronel Olcott escreve: "A sessão deste ano [da convenção de 1886] foi inesquecível em função de um curso composto de quatro palestras sobre a *Bhagavad Gitā*, ministradas por T. Subba Row, que encantou seus ouvintes; e, em forma de livro, estão agora entre os mais preciosos tesouros de nossa literatura teosófica, sendo uma demonstração do caráter intelectual que foi autenticado em nossas reuniões anuais da Adyar...".

– Radha Burnier escreve: "T. Subba Row foi uma figura notável na Sociedade Teosófica por um curto período de tempo depois que os Fundadores, Madame Blavatsky e Coronel Olcott, chegaram à Índia..." "... Mas tal era sua erudição e conhecimento oculto que ele desempenhou um papel importante durante os anos de formação da Sociedade. Seus discursos e escritos contidos em duas publicações, *A Filosofia da Bhagavad Gitā* e *Escritos Esotéricos*[2] impressionam o leitor ainda hoje por seu alcance e profundidade".

---

[2] T. SUBBA ROW, Ed. Teosófica, 1ª ed., 2019. (N.E.)

A obra informa que a atividade do homem profano é direcionada pelo ego ilusório, gerando o que chamamos de falso agir; sendo assim, é contaminada por ações equivocadas como: medo, raiva, inveja, culpa etc.

Por causa desse problema existencial muitas pessoas do Oriente preferiram entregar-se ao não agir, numa eterna meditação passiva, a fim de não gerar mais *Karma* nas suas ações.

A *Bhagavad-Gitā*, de forma brilhante, recomenda um terceiro caminho, o reto agir. Essa maneira de agir, além de não gerar mais *Karma*, neutraliza ações passadas, liberando o indivíduo de reações equivocadas, pois o mesmo está interagindo com a vida através de uma perspectiva diferente e mais profunda.

Portanto, o falso agir é um agir por amor à personalidade, o não agir é também uma forma de agir através da inatividade pelo medo, e o reto agir age por amor ao Eu verdadeiro, embora através da personalidade.

A alma desse poema metafísico demonstra que através do autoconhecimento, com a atitude consciente da reta ação, é possível a autorrealização para todos nós.

Nessas quatro palestras, Subba Row apresenta o profundo sentido espiritual da *Bhagavad-Gitā*.

Ótima leitura e reflexões.

Ígor Mendonça Câmara
Diretor Presidente da Editora Teosófica

A Filosofia da Bhagavad-Gitā
por T. Subba Row

Primeira Conferência

Antes de prosseguirmos com o assunto, considero necessário fazer algumas observações preliminares. Todos vocês sabem que nossa Sociedade Teosófica está estabelecida sobre uma base cosmopolita. Não estamos apegados a um credo particular ou a qualquer sistema específico de filosofia religiosa. Consideramo-nos meros questionadores. Todos os grandes sistemas filosóficos são analisados por nós com o objetivo de investigação. No momento não estamos todos de acordo sobre qual filosofia particular poderia ser pregada como a filosofia da nossa Sociedade. Essa é uma posição muito segura para começarmos. Mas considerando tudo isso, não significa que devemos ser apenas questionadores e inquiridores. Devemos, sem dúvida, ser capazes de descobrir os princípios fundamentais de cada filosofia e, baseados neles, um sistema que seja suscetível de satisfazer nossos desejos e aspirações. Devemos ter isso em mente, e não considerar minha opinião como a opinião da Sociedade Teosófica, nem a de qualquer outra autoridade superior a mim. Vou simplesmente apresentá-las pelo que elas valem. Elas são o resultado de minhas próprias investigações sobre vários sistemas filosóficos e não estou invocando nenhuma autoridade maior. É somente com essa visão que pretendo apresentar algumas observações.

Vocês devem lembrar que ministrei uma palestra introdutória na última vez em que nos encontramos aqui e apresentei as noções fundamentais que devem ser levadas em conta para tentar compreender a *Bhagavad-Gitā*. Não preciso recapitular tudo o que disse naquela ocasião, mas será necessário lembrarmos simplesmente que Krishna representa o *Logos*, que vou explicar detalhadamente a seguir; e que Arjuna, que era chamado de Nara, representa a Mônada humana.

A *Bhagavad-Gitā* é um livro essencialmente prático em seu caráter e ensinamentos, como o são os discursos de todos os Mestres religiosos que têm aparecido no mundo para passar algumas instruções práticas à humanidade em relação à sua orientação espiritual. Assim como as palavras de Cristo, os discursos de Buda e as pregações de vários outros filósofos que chegaram até nós, seu tom tem um caráter essencialmente didático e prático, assim como a *Bhagavad-Gitā*. Mas esses ensinamentos não serão compreendidos – de fato, no decorrer do tempo, eles ainda são suscetíveis de má interpretação – a menos que suas bases filosóficas sejam sempre mantidas à vista. A *Bhagavad-Gitā* começa a partir de certas premissas que não são explicadas em profundidade, sendo simplesmente aludidas aqui e ali, e citadas para permitir a aplicação da doutrina, ou como autoridades, e Krishna não entra em detalhes sobre a filosofia que o fundamenta. Existe ainda uma base filosófica sob seus ensinamentos e a menos que essa base seja cuidadosamente pesquisada, não poderemos compreender a aplicação prática dos ensinamentos da *Bhagavad-Gitā*, nem mesmo testá-los da única maneira que eles podem ser testados.

Antes de prosseguirmos, considero absolutamente necessário iniciar meu discurso com uma palestra introdutória definindo os contornos desse Sistema Filosófico que é a base do ensino prático de Krishna. Essa filosofia não pode ser obtida ou deduzida da própria *Bhagavad-Gitā*, mas podemos mostrar que as premissas com que ele começa estão ali indicadas com clareza suficiente.

Esse é um assunto muito vasto, e não posso tocar numa parte considerável dele, mas devo estabelecer alguns princípios fundamentais que são considerados mais ou menos axiomáticos em seu caráter – podem chamá-los de postulados por enquanto – sendo absolutamente necessários para compreendermos a Filosofia da *Bhagavad-Gitā*. Não tentarei provar todos os princípios filosóficos que estou prestes a apresentar, da mesma maneira que um cientista moderno tentaria provar todas as leis que identificou a partir do exame da Natureza.

No caso de boa parte desses princípios, raciocínio indutivo e experimental estão fora de questão; será quase impossível testá-los no curso normal da vida ou com os meios disponíveis para a maioria da humanidade. Mas, mesmo assim, esses princípios baseiam-se em autoridades muito elevadas. Quando cuidadosamente explicados, serão considerados a base de todos os sistemas filosóficos que o intelecto humano já tenha construído, e, além disso, também será atestado – arrisco-me a prometer – que é perfeitamente coerente com tudo aquilo descoberto pelo homem no campo da ciência; de qualquer maneira, eles nos dão uma hipótese de trabalho – uma hipótese que seguramente poderemos adotar no começo do nosso trabalho, por ora. Essa hipótese poderá ser alterada se estivermos certos de qualquer fato novo que exija sua alteração, mas de qualquer forma é uma hipótese de trabalho que parece explicar todos os fatos que devemos entender antes de passarmos ao estudo da máquina gigantesca e complexa da Natureza.

Vamos agora continuar com essa hipótese. Primeiramente, devemos recordar que qualquer sistema de ensino prático para orientação espiritual terá de ser julgado, em primeiro lugar, com referência à Natureza e à condição do homem e dos recursos que estão latentes nele; em segundo lugar, com referência ao Cosmos e às forças a que o homem está sujeito e às circunstâncias que ele tem para progredir. A menos que esses dois pontos sejam suficientemente investigados, será quase impossível conhecermos o maior objetivo que o homem é capaz de atingir, e se não houver um objetivo definido ou uma meta a alcançar, ou um ideal pelo qual ele tenha que progredir, será quase impossível dizer se alguma instrução específica é suscetível de conduzir ao bem-estar da humanidade ou não. Digo agora que essas instruções só podem ser compreendidas por meio da análise da natureza do Cosmos, da natureza do homem e da meta para a qual todo o progresso evolucionário tende.

Antes de prosseguirmos, quero dizer que não pretendo adotar a classificação setenária do homem que até o momento foi aprovada nos escritos teosóficos em geral[3]. Assim como classificamos os princípios no homem, podemos classificar os princípios no Sistema Solar e no Cosmos. Entre eles há certas similaridades e a lei da correspondência – como é chamada por alguns escritores, qualquer que seja o motivo, – é a lei que está presente em boa parte dos fenômenos da Natureza, e muitas vezes por sabermos o que acontece no caso do microcosmo somos capazes de inferir o que ocorre no caso do macrocosmo.

Agora, quanto ao número de princípios e a relação entre eles, essa classificação sétupla, que não quero adotar, parece-me ser não científica e ilusória. Sem dúvida, o número sete parece desempenhar importante papel no Cosmos, embora não seja nem um poder nem uma força espiritual; mas isso não significa que devamos adotá-lo necessariamente em todos os casos. Quanta confusão essa classificação sétupla suscitou! Esses sete princípios, como geralmente enumerados, não correspondem a quaisquer linhas naturais de divisão, por assim dizer, na constituição do homem.

Tomando os sete princípios na ordem em que são geralmente apresentados, o corpo físico fica separado do chamado princípio da vida; esse último, do que é chamado *Linga sharīra* (muitas vezes confundido com *sūkshma sharīra*). Assim, o corpo físico é dividido em três princípios. Agora, podemos aqui fazer qualquer número de divisões; se quisermos poderemos também enumerar força

---

[3] Essa declaração suscitou uma controvérsia entre o palestrante e Madame H. P. Blavatsky, para a qual recomendamos que o leitor consulte "Uma Coleção de Escritos Esotéricos do falecido Sr. T. Subba Row". (N.T.)

nervosa, sangue e ossos, como tantas partes distintas, e fazer o número de divisões tão grande quanto dezesseis ou trinta e cinco. Mas ainda assim o corpo físico não constitui uma entidade separada do princípio da vida, nem o princípio da vida está além do corpo físico, o mesmo ocorre com o *linga sharīra*. Mais uma vez, no chamado "corpo astral", o quarto princípio, quando separado do quinto, desintegra-se logo, e o chamado quarto princípio é quase sem vida, a menos que esteja combinado com o quinto princípio. Esse sistema de divisão não nos mostra quaisquer princípios distintos que tenham algo parecido com existência independente. E, além disso, é notável a ausência dessa classificação setenária em muitos dos nossos livros hindus. De qualquer forma, uma parcela considerável dela é quase ininteligível para mentes hindus; e por isso é melhor adotarmos a classificação consagrada pelo tempo com quatro princípios, pela simples razão de que ela divide o homem em tantas entidades quantas são capazes de ter existências separadas, e que esses quatro princípios estão associados com quatro *upādhis* (veículos)[4] que estão mais associados, por sua vez, com quatro estados distintos de consciência. E assim, para todos os efeitos práticos – com a finalidade de explicar as doutrinas da filosofia religiosa – considero muito mais conveniente aderir à classificação quádrupla do que adotar uma setenária e multiplicar os princípios, o que poderia introduzir mais confusão do que lançar luz sobre o assunto. Por conseguinte, vou adotar

[4] Quatro *upādhis* incluindo o Ego – a imagem refletida do *Logos* no *Kārana sharīra* – como o veículo da Luz do *Logos*. Isso às vezes é chamado *Sāmānya sharīra* nos livros hindus, mas a rigor, existem apenas três *upādhis*.

a classificação quádrupla, e, quando a adoto no caso do homem, também gostaria de adotá-la no caso do Sistema Solar, e também no caso dos princípios que se encontram no Cosmos. Por Cosmos não me refiro apenas ao Sistema Solar, mas à totalidade do Cosmos.

Ao enumerar esses princípios, apresento-os por ordem de evolução, como me parece ser o mais conveniente. Permitam-me recordar a posição que cada um desses princípios ocupa na evolução da Natureza, e nas passagens a partir da Causa Primeira até chegar ao ser humano organizado dos dias de hoje. Apresentarei a base da classificação quádrupla que prometi adotar.

O primeiro princípio, ou melhor, o primeiro postulado a ser enunciado é a existência do que é chamado de *Parabrahman*. Claro que dificilmente haverá algum sistema filosófico que tenha negado a existência da Causa Primeira. Mesmo os chamados ateus nunca negaram isso. Vários credos têm adotado diversas teorias sobre a natureza dessa Causa Primeira. Todas as disputas sectárias e diferenças surgiram não a partir de diferenças de opinião quanto à existência da Causa Primeira, mas sim a partir das diferenças dos atributos que o intelecto do homem tem continuamente tentado impor a ela. É possível saber alguma coisa sobre a Causa Primeira? Sem dúvida é possível saber algo sobre ela. É possível saber tudo sobre suas manifestações, embora seja quase impossível para o conhecimento humano penetrar em sua essência mais íntima e dizer o que ela própria realmente é. Todos os filósofos religiosos concordam que essa Causa Primeira é onipresente e eterna. Além disso, ela está sujeita a períodos de atividade e de passividade.

Quando ocorre o *pralaya* cósmico, *Parabrahman* está inativo, e quando começa a evolução, ele torna-se ativo. Mas mesmo a verdadeira razão para essa atividade e passividade é incompreensível para nossas mentes. Não é matéria ou algo como matéria. Nem mesmo é a consciência, porque tudo o que sabemos sobre a consciência refere-se a um organismo definido. O que a consciência é ou será quando completamente separada do *upādhi* (veículo) é uma coisa absolutamente inconcebível para nós, não somente para nós, mas para qualquer outra inteligência que tenha a noção de Eu[5] ou de Ego[6] nela, ou que tenha uma existência distinta individualizada. Novamente, não é nem mesmo *Ātmā*. A palavra *Ātmā* é usada em vários sentidos em nossos livros. É constantemente associada à ideia de Eu. Mas *Parabrahman* não está associado assim; por isso não é Ego, não é não Ego, nem é a consciência – ou para usar uma fraseologia aprovada por nossos antigos filósofos, não é *gñatha*, nem *gñanam* e nem *gñayam*. Claro que cada entidade nesse Cosmos deve vir sob um ou outro desses três títulos. Mas *Parabrahman* não se enquadra em qualquer um deles. No entanto, parece ser a única fonte da qual *gñatha*, *gñanam* e *gñayam* são manifestações ou modos de existência. Será necessário apresentarmos alguns outros aspectos, porque esses aspectos são mencionados na *Bhagavad-Gitā*.

No caso de cada consciência objetiva, sabemos que o que chamamos matéria, ou não ego é, afinal, um simples

[5] Nesta edição, traduziu-se a palavra *Self* como "Eu" [Superior Imortal] ou "Ser", e "*self*" como "eu" [mortal]. (N.E.)

[6] O termo "Ego" é aqui empregado como sinônimo de Eu Superior Imortal, e não no sentido dado pela Psicologia moderna. (N.E.)

pacote de atributos. Mas se chegamos à nossa conclusão por inferência lógica, ou se a obtemos a partir da consciência inata, sempre supomos que existe uma entidade – a verdadeira essência da coisa em que todos os atributos são colocados, – que tem esses atributos, por assim dizer, a própria essência sendo desconhecida para nós.

Todos os antigos escritores vedantinos formularam o princípio de que *Parabrahman* é a essência de quase tudo no Cosmos. Quando nossos antigos escritores disseram "*Sarvam khalvidambrahma*", eles não quiseram dizer que todos esses atributos que associamos com a ideia de não Ego devem ser considerados como *Brahman*, nem quiseram dizer que *Brahman* deve ser encarado como o *upādāna kāranam* da mesma forma que a terra e a água são os *upādāna kāranam* desse pilar. Eles simplesmente disseram que a única coisa real no conjunto de atributos que nossa consciência percebe, a essência que parece ser o fundo e as bases de todos os fenômenos, é *Parabrahman*, que, embora não seja um objeto do conhecimento, ainda é capaz de apoiar e de dar origem a todo tipo de objeto e a todo tipo de existência que se torna um objeto do conhecimento.

Agora esse *Parabrahman* que existe antes de todas as coisas no Cosmos é a essência a partir da qual começa a existir um centro de energia, que atualmente é chamado de *Logos*.

Esse *Logos* pode ser chamado, na linguagem dos escritores antigos, tanto de *Eswara [Ishvara]*, quanto de *Pratyagātmā* ou de *Sabda Brahman*. Ele é chamado de o Verbo ou a Palavra pelos cristãos, e é o *Christos* divino que está eternamente no seio de seu pai. É chamado de *Avalokiteswara [Avalokiteshvara]* pelos budistas; em qualquer caso, *Avalokiteswara* em certo sentido é o *Logos* em geral, embora sem dúvida também existam outras ideias na doutrina chinesa com as quais ele está associado. Quase todas as doutrinas enunciam a existência de um centro de energia espiritual, que é não nascido e eterno, e que existe em estado latente no seio do *Parabrahman* no momento do *pralaya*, e começa como um centro de energia consciente no momento de atividade cósmica. É o primeiro *gñatha* ou o Ego do Cosmos, e cada outro Ego e todos os outros "Eus", como mostrarei a seguir, são o seu reflexo ou manifestação. Em sua natureza mais íntima, não é incognoscível como *Parabrahman*, mas é um objeto do mais elevado conhecimento que o homem é capaz de adquirir. É o grande mistério do Cosmos, sobre o qual todas as iniciações e todos os sistemas filosóficos têm sido propostos. O que esse *Logos* realmente é em sua Natureza mais íntima não será um assunto para apreciação em minha palestra, mas há alguns pontos de vista a partir dos quais precisamos olhar para entendermos os ensinamentos da *Bhagavad-Gitā.*

As poucas proposições que estabeleceremos com referência a esse princípio são as seguintes: não é material ou físico em sua constituição, e não é objetivo; não é diferente em substância, por assim dizer, ou em sua essência, de *Parabrahman*, e ainda, ao mesmo tempo, é diferente dele por possuir uma existência individualizada. Ele existe num estado latente no seio do *Parabrahman*, no momento do *pralaya* somente, como, por exemplo, o sentimento de Ego é latente no momento de *sushupti* ou de dormir. É muitas vezes descrito nos livros como *satchidānanda*, e por esse epíteto devemos entender que é *sat*, que é *chit* e que é *ānanda*.

Ele tem consciência e uma individualidade própria. Posso dizer também que é, talvez, o único Deus *pessoal* que existe no Cosmos. Mas para não causar mal-entendido algum, também preciso dizer que esses centros de energia são quase inumeráveis no seio de *Parabrahman*. Não se deve supor que esse *Logos* seja o único centro de energia que se manifesta por *Parabrahman*. Existem inúmeros outros. Seu número é quase infinito. Talvez mesmo nesse centro de energia chamado *Logos* possa haver diferenças, isto é, *Parabrahman* pode manifestar-se como um *Logos*, não só de uma forma particular, definitiva, mas de várias formas. De qualquer modo, quaisquer que sejam as variações nas formas que possam existir, não é necessário aprofundarmo-nos detalhadamente nesse assunto para compreendermos a *Bhagavad-Gitā*. O *Logos* aqui considerado é o *Logos* em abstrato, e não um *Logos* particular, dando para Arjuna todas essas instruções, que são de aplicação geral. Os outros aspectos do *Logos* serão melhor compreendidos se mostrarmos a natureza dos outros princípios que começam a existir após a existência desse *Logos* ou *Verbum*.

Evidentemente essa (o *Logos*) é a primeira manifestação de *Parabrahman*, o primeiro Ego que aparece no Cosmos, o início de toda criação e o fim de toda evolução. É a única fonte de toda energia do Cosmos e a base de todos os ramos do conhecimento. Além disso, é, por assim dizer, a árvore da vida, porque o *Chaitanyam* que anima todo o Cosmos brota dele. Quando esse Ego começa a existir como um ser consciente, tendo consciência de seus próprios objetivos, precisamos ver que resultados essa consciência objetiva terá em relação à existência absoluta e incondicionada, que começa na existência manifestada. De seu ponto de vista objetivo, *Parabrahman* aparece para ele (o *Logos*) como *Mūlaprakriti*. Por favor mantenha isso em mente e tente compreender minhas palavras, pois aqui está a raiz de toda dificuldade sobre *Purusha* e *Prakriti*, sentida por vários escritores de Filosofia Vedanta. É claro que essa *Mūlaprakriti* é material para nós. Essa *Mūlaprakriti* não é mais *Parabrahman* do que o conjunto de atributos desse pilar é o próprio pilar; *Parabrahman* é uma realidade incondicionada e absoluta, e *Mūlaprakriti* é uma espécie de véu lançado sobre ele. *Parabrahman*, por si só, não pode ser visto como ele é. Ele é visto pelo *Logos* com um véu lançado sobre ele, e esse véu é a poderosa expansão da matéria cósmica. É a base de todas as manifestações materiais no Cosmos.[7]

Repetindo, *Parabrahman*, depois de ter aparecido por um lado como o Ego, e por outro lado como *Mūlaprakrti*, atua como uma energia através do *Logos*. Explicarei o que quero dizer com "atuar através do *Logos*" por meio de uma analogia. Claro que não devemos forçá-la muito, pois a intenção é simplesmente ajudar-nos a formar uma espécie de concepção do *Logos*. Por exemplo, o sol pode ser comparado com o *Logos*; a luz e o calor são irradiados a partir dele, mas seu calor e energia existem em algumas condições desconhecidas no espaço, e por seu intermédio são disseminados por todo o espaço como luz visível e calor.

---

7 Resumindo:
- *Parabrahman* » Trindade (1 = *Mūlaprakriti* + 2 = *Eswara* [*Ishvara*] ou o *Logos* + 3 = energia e consciência do *Logos*)
- *Parabrahman* » Trindade (1 = matéria + 2 = força + 3 = o Ego ou a raiz do *Ser*). (Nota do trad.)

Tal é o entendimento do sol pelos filósofos antigos. Da mesma forma, *Parabrahman* dissemina-se a partir do *Logos*, e manifesta-se como a luz e a energia do *Logos*. Agora veremos que a primeira manifestação de *Parabrahman* é uma Trindade, a mais alta trindade que somos capazes de compreender. É constituída por *Mūlaprakriti*, *Eswara [Ishvara]* ou o *Logos*, e pela energia e consciência do *Logos*, que é a sua força e luz, e aqui nós temos os três princípios sobre os quais todo o Cosmos parece basear-se. Primeiro, temos matéria, em segundo lugar temos força – em qualquer caso, o fundamento de todas as forças do Cosmos, e em terceiro lugar temos o Ego ou a raiz do *Ser*, a partir do qual qualquer outro tipo de *Ser* é apenas uma manifestação ou um reflexo. Tenha em mente que existe uma clara linha de distinção entre *Mūlaprakriti*, (que é, por assim dizer, o véu jogado sobre *Parabrahman*, do ponto de vista objetivo do *Logos*), e essa energia que é irradiada a partir dele. Como mostraremos depois, Krishna, na *Bhagavad-Gitā*, traça uma clara linha de distinção entre os dois; e a importância dessa distinção será vista quando tomarmos conhecimento dos vários equívocos a que essa confusão entre os dois deu origem nos diferentes sistemas de filosofia. Agora, considere que essa *Mūlaprakriti*, que é o véu de *Parabrahman*, é chamada de *Avyakta* na Filosofia Samkya. É também chamada de *Kūtastha* na *Bhagavad-Gitā*, simplesmente porque é indiferenciada; até mesmo o significado literal dessa palavra nos dá a ideia aproximada de que ela é indiferenciada, em contraste com a Matéria diferenciada.

Essa luz do *Logos* é chamada *Daiviprakriti* na *Bhagavad-Gitā*, é a *Sophia* dos gnósticos e o Espírito Santo dos cristãos. É um erro supor que Krishna, quando considerado um *Logos*, é uma manifestação daquele *Avyakta*, uma crença generalizada de uma certa escola de filósofos. Por outro lado, ele é *Parabrahman* manifestado; e o Espírito Santo em sua primeira origem emana através do *Christos*. Essa é a razão pela qual é chamado de mãe do *Christos*. Quando *Christos* se manifesta no homem como seu Salvador, é a partir do útero, por assim dizer, dessa luz divina que ele nasce. Por isso é somente quando o *Logos* se manifesta no homem que ele se torna o filho dessa luz do *Logos* – desse *Māyā*; – mas no decurso da manifestação cósmica essa *Daiviprakrti*, em vez de ser a mãe do *Logos*, deve, a rigor, ser chamada de filha do *Logos*. Para tornar isso mais claro, posso salientar que essa luz é simbolizada como *Gayatri*. Sabemos que *Gayatri* não é *Prakriti*. É considerada como a luz do *Logos*, e para transmitirmos à nossa mente uma imagem definida, ela é representada como a luz do sol. Mas o sol que nasce não é o sol físico que vemos, mas o sol central da luz da sabedoria (portanto, não usamos no nosso *Sandhyavandanam* qualquer símbolo que represente o sol físico). Essa luz é ainda chamada de o *mahāchaitanyam* de todo o Cosmos. É a vida de toda a Natureza. Pode-se observar que o que se manifesta como luz, como consciência, e como força, é uma só e é a mesma energia. Todos os vários tipos de forças que conhecemos, todos os diferentes modos de consciência com os quais estamos familiarizados, e a vida manifestada em cada tipo de organismo, são apenas manifestações de um único e mesmo poder, esse poder sendo o único que nasce originalmente do *Logos*. Ela precisa ser pesquisada em todos esses aspectos, porque o papel que realmente desempenha no Cosmos é de uma importância considerável.

Nesse aprofundamento, chegamos, em primeiro lugar, a *Parabrahman*, em segundo, a *Eswara* [*Ishvara*], em terceiro lugar, à luz que se manifesta através de *Eswara*, que é chamada *Daiviprakrti* na *Bhagavad-Gitā*, e, finalmente, a *Mūlaprakriti*, que parece ser, como já dissemos, um véu lançado sobre *Parabrahman*. Agora a criação ou evolução começam pela energia intelectual do *Logos*. O Universo, em seus infinitos detalhes e com suas maravilhosas leis, não vem à existência por mero acaso, nem vem à existência apenas em função das potencialidades latentes em *Mūlaprakriti*. Ele vem à existência principalmente por intermédio da única fonte de energia e de poder existente no Cosmos, a que temos chamado de *Logos*, que é o representante já existente do poder e da sabedoria de *Parabrahman*. A Matéria adquire todos os seus atributos e todas as suas atribuições que, no decorrer do tempo, dão resultados tão maravilhosos, no curso da evolução, pela ação da luz emanada do *Logos* sobre *Mūlaprakriti*. Do nosso ponto de vista, é muito difícil imaginar que tipo de matéria ela pode ser, que ainda não tem nenhuma dessas tendências que são comumente associadas a todos os tipos de matéria, e que só adquire todas as diferentes propriedades manifestadas por ela ao receber essa luz e energia do *Logos*. Essa luz do *Logos* é a ligação, por assim dizer, entre a matéria objetiva e o pensamento subjetivo de *Eswara*. Ela é chamada *Fohat* em vários livros budistas. É o instrumento com o qual o *Logos* trabalha.[8]

---

[8] Resumindo:
- *Parabrahman* » *Eswara* (*Ishvara*) » *Daiviprakriti* (luz que se mani-

O que brota no *Logos* em primeiro lugar é simplesmente uma imagem, uma concepção do que é estar no Cosmos. Essa luz ou energia captura a imagem e a imprime sobre a matéria cósmica, que já está manifestada. Assim saltam à existência todos os Sistemas Solares manifestados.[9]

É claro que os quatro princípios que enumeramos são eternos e são comuns a todo o Cosmos. Não há um lugar em todo o Cosmos onde essas quatro energias estejam ausentes, e esses são os elementos da classificação quádrupla que adotei para lidar com os princípios do poderoso Cosmos.

Imagine que esse Sistema Solar manifestado em todos os seus princípios e em sua totalidade constitui o *sthūla sharīra* de todo o Cosmos. Olhe para essa luz que emana

---

festa através de *Eswara*) » *Mūlaprakriti* (matéria ou véu lançado sobre *Parabrahman*).

- *Parabrahman* » *Logos* (energia intelectual e poder) + *Mūlaprakriti* (potencialidades) » Matéria.
- Matéria subjetiva (pensamento de *Eswara*) + *Fohat* (luz do *Logos*) » matéria objetiva.
- *Parabrahman* » Trindade (1 = *Mūlaprakriti* + 2 = *Eswara* ou o *Logos* + 3 = energia e consciência do *Logos*).
- *Parabrahman* » Trindade (1=matéria + 2=força + 3 = o Ego ou a raiz do Ser). (Nota do trad.)

[9] Resumindo:
Logos » imagem ou concepção + luz ou energia + impressão na matéria cósmica » Sistema Solar manifestado.
Logos » consciência + força + matéria » Sistema Solar manifestado.
Atualmente nossa tecnologia já consegue criar objetos, de forma similar ao modo como o Cosmos é criado, ou seja, partindo-se de uma imagem ou concepção (um projeto), que recebe energia, ocorre a impressão com uma matéria moldável, que produz um objeto concreto, idêntico ao projetado, ou seja, impressoras 3D produzem objetos reais. (Nota do trad.)

do *Logos* como correspondente à *sūkshma sharīra* do Cosmos. Imagine, além disso, que esse *Logos*, que é o germe a partir do qual todo o Cosmos floresce, – que contém a imagem do Universo – está na posição do *Kārana sharīra* do Cosmos, existindo antes que o Cosmos entre em existência. E finalmente imagine que *Parabrahman* tem com o *Logos* a mesma relação que nosso *Ātmā* tem com nosso *Kārana sharīra*.

Esses, lembrem-se disso, são os quatro princípios gerais do Cosmos infinito, não do Sistema Solar. Esses princípios não devem ser confundidos com aqueles enumerados ao lidarmos com o significado do *Pranava* na Filosofia Vedanta e nos *Upanishads*. Em certo sentido, *Pranava* representa o macrocosmo, e em outro sentido, o microcosmo. De um ponto de vista *Pranava* significa também o próprio Cosmos infinito, mas não é essa luz que é geralmente explicada em nossos livros vedantinos, e não será necessário explicar esse aspecto do *Pranava*. Com referência a esse assunto posso aludir a um outro ponto, o que explica a razão pela qual *Eswara [Ishvara]* é chamado *Verbum* ou *Logos*; porque, na verdade, é chamado *Sabda Brahman*.

A explicação que apresentaremos parecerá completamente mística. Mas, sendo mística, possui um enorme significado quando devidamente compreendida. Nossos escritores antigos disseram que *Vāch* é de quatro tipos, chamados de: *Para*, *Pasyantī*, *Madhyamā* e *Vaikharī*. Essa declaração encontra-se no *Rig Veda* e em vários dos *Upanishads*. *Vaikharī Vāch* é o que nós dizemos. Todo tipo de *Vaikharī Vāch* existe em sua forma *Madhyamā*, ainda na sua forma *Pasyantī* e, finalmente, na sua forma *Para*. A razão porque esse *Pranava* é chamado *Vāch* é que esses quatro princípios do grande Cosmos correspondem a essas quatro formas de *Vāch*. Agora, o Sistema Solar inteiro manifestado existe em sua forma *sūkshma* nessa luz ou energia do *Logos* porque sua imagem está presa e transferida para a matéria cósmica e, novamente, todo o Cosmos deve necessariamente existir na única fonte de energia a partir da qual a luz emana. O Cosmos inteiro em sua forma objetiva é *Vaikharī Vāch*, a luz do *Logos* é a forma *Madhyamā*, o próprio *Logos* é a forma *Pasyantī*, e *Parabrahman* é o aspecto *Para* de *Vāch*. É à luz dessa explicação que precisamos tentar entender certas declarações feitas por diversos filósofos, no sentido de que o Cosmos manifestado é o Verbo manifestado como Cosmos.

Esses quatro princípios nutrem a mesma relação uns com os outros, do mesmo modo que as quatro condições ou manifestações de *Vāch*.

Passaremos agora à análise dos princípios que constituem o próprio Sistema Solar. Considero útil referir-me às explicações geralmente dadas em relação ao *Pranava* e ao significado de seus *mātrās*. O *Pranava* destina-se a representar o homem e também o Cosmos manifestado, sendo que os quatro princípios no primeiro correspondem aos quatro no último. Os quatro princípios no Cosmos manifestado podem ser enumerados nesta ordem. Primeiro, *Vishwanara*. Agora, esse *Vishwanara* não deve ser encarado meramente como o mundo objetivo manifestado, mas como uma base física a partir da qual todo o mundo objetivo começou a existir. Além disso e ao lado disso está o que é chamado de *Hiranyagarbha*. Esse também não deve ser confundido com o mundo astral, mas deve ser encarado como a base do mundo astral, tendo a mesma relação com o mundo astral que *Vishwanara* possui com o mundo objetivo. Junto a esse existe o que tem sido chamado de *Eswara*, mas como essa palavra pode induzir ao erro, não vou chamá-lo *Eswara*, mas por outro nome, também sancionado pelo uso – *Sūtrātmā*. E além desses três, geralmente é indicado *Parabrahman*. Quanto a esse quarto princípio, têm surgido diferenças de opinião, e a partir dessas diferenças surge grande quantidade de dificuldades. Por esse princípio, devemos ter, como temos para o Cosmos, algum princípio ou entidade a partir do qual os outros três princípios começam a existir e que existem nele e por causa dele. Se esse for o caso, sem dúvida devemos aceitar a *Avyakta* dos samkyas como esse quarto princípio. Esse *Avyakta* é o *Mūlaprakriti* que já expliquei como o véu de *Parabrahman* considerado do ponto de vista objetivo do *Logos*, e essa é a visão adotada pela maioria dos samkyas. Não é necessário que eu entre em detalhes sobre a evolução do próprio Sistema Solar. Podemos recolher algumas ideias sobre a maneira pela qual os vários elementos começam a existir a partir desses três princípios em que *Mūlaprakriti* é diferenciada, examinando a palestra proferida pelo professor Crookes há pouco tempo sobre os chamados elementos da Química moderna. Esta palestra vai pelo menos dar uma ideia da maneira como os chamados elementos surgem de *Vishwanara*, o mais objetivo desses três princípios, que parece estar no lugar do protilo mencionado nessa palestra. Exceto por poucas particularidades, essa palestra parece fornecer os contornos da teoria da evolução física no plano de *Vishwanara* e é, pelo que sei, a melhor abordagem feita por pesquisadores modernos da teoria ocultista real sobre o assunto.

Esses princípios, em si, estão muito além de nossa experiência comum ao se tornarem meramente objetos de concepção teórica e inferência, ao invés de objetos de conhecimento prático. É claro que se é tão difícil para nós entendermos esses diferentes princípios como eles existem na Natureza, será ainda mais difícil para nós formarmos qualquer ideia definida sobre como são em sua base. Mas de qualquer maneira a evolução e o trabalho de diferenciação desses princípios é um assunto que pertence mais propriamente à ciência da Física do que à ciência da ética espiritual e os princípios fundamentais sobre os quais discorri serão suficientes para nosso propósito. Devemos conceber, sem entrar em todo processo de evolução, que desses três princípios, tendo *Mūlaprakriti* como base, começou a existir todo o Sistema Solar manifestado com todos os vários objetos dentro dele. Tenha também em mente que a energia que trabalha fora de todo o processo de evolução é a luz do *Logos*, que é difundida através de todos esses princípios e de todas as suas manifestações. É a luz que começa com um certo impulso definido comunicado pela energia intelectual do *Logos* e trabalha fora de todo o programa, desde o início até o fim da evolução.

Se começarmos nossa análise a partir dos menores organismos, veremos que essa vida é, por assim dizer, indiferenciada. Agora, quando tomamos, por exemplo, o reino mineral ou todos os objetos no Cosmos que não podemos a rigor chamar de organismos vivos, encontramos essa luz indiferenciada. No decorrer do tempo, quando chegamos à vida vegetal essa luz torna-se diferenciada de forma considerável, e os organismos são constituídos tendendo cada vez mais para a diferenciação. E quando chegamos à vida animal constatamos que a diferenciação é mais completa, e essa luz, além disso, manifesta-se como consciência. Não devemos supor que a consciência é uma espécie de entidade independente criada por essa luz; a consciência é um modo ou uma manifestação da própria luz, que é vida. No momento em que atinge o homem, essa luz torna-se diferenciada e forma o centro ou o Ego que dá origem a todo o progresso mental e físico que vemos no processo da evolução cósmica. Essa diferenciação resulta na primeira instância do ambiente de organismos particulares. As várias ações evocadas num dado organismo e aquelas que ele evoca em outros organismos ou em suas imediações, e as ações que gera por si só nessa fase, dificilmente podem ser chamadas de *Karma*; talvez sua vida e ações ainda possam ter um certo efeito na determinação das futuras manifestações daquela vida-energia que está atuando nele. No momento em que atinge o homem, essa luz torna-se diferenciada em certas Mônadas e, portanto, a individualidade é fixada.

À medida que a individualidade se torna mais e mais definida e, por meio do próprio homem, torna-se cada vez mais diferenciada de outras individualidades, e com os impulsos intelectuais e morais que ele gera, e o efeito do seu próprio *Karma*, tornam-se mais definidos os princípios dos quais ele é composto. Existem quatro princípios no homem. Primeiro, há o corpo físico, sobre o qual não precisamos detalhar, uma vez que pertence mais ao campo de pesquisa fisiológica do que ao de um investigador religioso. Não há dúvida de que certos ramos da fisiologia se convertem em matéria de considerável importância no tratamento de alguns assuntos ligados à Filosofia do *Yoga*, mas não precisamos discutir essas questões no momento.

Em seguida há o *sūkshma sharīra*. Ele tem com o corpo físico a mesma relação que o mundo astral tem com o plano objetivo do Sistema Solar. Às vezes é chamado de *kāma-rūpa* em nossas dissertações teosóficas. Essa expressão deu origem à incompreensão de que o princípio chamado *kāma* representa esse próprio corpo astral, e transforma-se nele. Mas não é assim. É composto por elementos de natureza bastante diferente. Seus sentidos não são tão diferenciados e localizados como no corpo físico, e, sendo composto por materiais mais finos, os seus poderes de ação e pensamento são consideravelmente maiores do que os encontrados no organismo físico. *Kārana sharīra* só pode ser concebido como um centro de *prajñā* – um centro de força ou energia em que o terceiro princípio (ou *Sūtrātmā*) do Cosmos foi diferenciado, em razão do mesmo impulso que deu lugar à diferenciação de todos esses princípios cósmicos.

E agora a pergunta é: o que é que completa essa trindade e faz dela um quaternário?[10] É claro que essa luz do *Logos*, como já dissemos, é uma espécie de luz que permeia todo tipo de organismo, e assim essa trindade manifesta-se em cada um dos *upādhis* como o *Jīva* real ou o Ego do homem. Agora, para nos permitir ter uma concepção clara do assunto, expressarei minhas ideias em linguagem figu-

[10] A imagem refletida do *Logos* formada pela ação da luz ou *kārana sharīra* pode ser considerada como o quarto princípio do homem, e assim foi considerado por alguns filósofos. Mas, na realidade, a entidade real é a própria luz e não a imagem refletida.

rada. Suponhamos, por exemplo, comparar o próprio *Logos* com o sol. Suponhamos que eu pegue um espelho em minha mão, capte um reflexo do sol, depois faça os raios do sol refletidos na superfície do espelho incidirem sobre uma placa metálica polida – e faça com que os raios refletidos por aquela placa incidam em uma parede. Agora temos três imagens, uma sendo mais clara que a outra, e uma sendo mais resplandecente do que a outra. Posso comparar o espelho claro com *Kārana sharīra*, a placa metálica com o corpo astral e a parede com o corpo físico. Em cada caso, uma nítida *bimbam* ou imagem refletida é formada, e essa imagem refletida é, por enquanto, considerada o Eu. A imagem refletida formada no corpo astral dá origem à ideia de eu, quando considerada separada do corpo físico. A imagem refletida formada no *Kārana sharīra* dá origem às formas mais proeminentes da individualidade que o homem possui. Veremos ainda que essas várias imagens refletidas não têm o mesmo brilho. Podemos comparar o brilho da imagem refletida com o conhecimento do homem, que decresce à medida que o reflexo da imagem é transferido de um *upādhi* (veículo) mais claro para um menos claro, e assim por diante até chegar ao corpo físico. Nosso conhecimento depende principalmente da condição do *upādhi*, e veremos também que, assim como a imagem do sol sobre a superfície da água pode ser invisivelmente perturbada e tornar-se invisível pelo movimento da própria água, do mesmo modo as paixões e emoções de um homem podem tornar perturbada e distorcida a imagem aparente de seu verdadeiro Ser, e até mesmo fazer a imagem ficar tão distorcida que torne totalmente impossível percebermos a sua luz.

Veremos ainda que essa ideia de Eu é ilusória. Quase todos os grandes autores da Filosofia Vedanta, como também Buda e Shankaracharya, afirmaram claramente que essa é uma ideia ilusória. Não devemos supor que esses grandes homens disseram que a ideia de Eu era ilusória pela mesma razão que levou John Stuart Mill a supor que a ideia de Eu é fabricada a partir de uma concatenação ou de uma série de estados mentais. Essa não é uma ideia fabricada, digamos assim, não é uma ideia secundária que tenha surgido a partir de qualquer conjunto de estados mentais. Diz-se ser ilusória, como estamos tentando explicar, porque o verdadeiro Eu é o próprio *Logos*, e o que é geralmente considerado como o Ego é somente seu reflexo. No entanto, se dissermos que uma imagem refletida não pode agir como um ser individual, devemos simplesmente lembrar que minha comparação não irá muito longe. Consideramos que cada imagem distinta pode formar um centro separado. Veremos quanta dificuldade teremos se negarmos isso e mantivermos o Eu como uma entidade separada em si mesma. Se for assim, enquanto estou em meu estado objetivo de consciência, meu Ego é algo que existe como uma entidade real no próprio corpo físico. Como é possível transferir o mesmo para o corpo astral? Então, novamente, ele também tem que ser transferido para o *Kārana sharīra*. Encontraremos uma dificuldade ainda maior em transferir essa entidade para o próprio *Logos*, e você dependerá dele, pois, a menos que a individualidade de um homem ou o Ego possa se transferir para o *Logos*, imortalidade será apenas um nome. Em certos casos peculiares será muito difícil explicar um grande número de fenômenos com base em que esse Eu é algum tipo de energia ou alguma Mônada existente transferida de *upādhi* para *upādhi*.

Na opinião dos vedantinos, e, como mostrarei em seguida, também na opinião de Krishna, o homem é um quaternário. Ele tem em primeiro lugar o corpo físico ou *sthūla sharīra;* em segundo lugar tem o corpo astral ou *sūkshma sharīra*; em terceiro lugar possui o corpo de sua individualidade superior, o *Kārana sharīra*; e em quarto e último lugar, o seu *Ātmā*. Sem dúvida existe uma diferença de opiniões quanto à natureza exata do quarto princípio, como já disse anteriormente, o que deu origem a vários equívocos. Agora, por exemplo, de acordo com alguns seguidores da Filosofia Samkya, pelo menos para aqueles que são chamados de nireswara samkyas, o homem tem esses três princípios, com sua *Avyakta* para completar o quaternário. Esse *Avyakta* é *Mūlaprakriti*, ou melhor, *Parabrahman* manifestado em *Mūlaprakriti* como seu *upādhi* (veículo). Nessa visão, *Parabrahman* é realmente o quarto princípio, o princípio mais elevado no homem; e os outros três princípios simplesmente existem nele e por causa dele. Ou seja, esse *Avyakta* é um princípio que é a raiz de todo o Eu, que se torna diferenciado no curso da evolução, ou melhor, que parece estar diferenciado em vários organismos, que subsiste em todo tipo de *upādhi*, e que é a verdadeira entidade espiritual que um homem tem que alcançar.

Agora vejamos o que acontece de acordo com uma hipótese. Imagine que o *Logos* seja totalmente desligado [excluído], mas que isso não seja notado por ninguém, e essa é a razão por que as pessoas que acreditam nessa hipótese têm sido chamadas de nireswara samkyas, não porque elas tenham negado a existência de *Parabrahman*, pois isso elas não fizeram – mas porque elas não tomaram conhecimento do *Logos*, e de sua luz – as duas mais importantes entidades da Natureza – ao classificar os princípios do homem.

Segunda Conferência

Em minha palestra anterior, procurei mostrar o caminho dos primórdios da evolução cósmica, e ao fazer isso defini com alguma precisão os quatro princípios fundamentais que operam no Cosmos infinito. Também enumerei os quatro princípios que parecem formar a base de todo o Sistema Solar manifestado, e defini a natureza dos quatro princípios em que dividi a constituição do homem. Espero que vocês tenham em mente as explicações que dei, porque é sobre a compreensão clara desses princípios que toda a Doutrina da Vedanta é explicável, e, além disso, por conta dos equívocos introduzidos quanto à natureza desses princípios, as filosofias religiosas de várias nações têm se tornado terrivelmente confusas, e inferências foram feitas a partir de suposições erradas, que não ocorreriam a partir do entendimento correto desses princípios.

A fim de tornar clara minha posição, ainda terei que fazer mais algumas observações sobre alguns desses princípios. Vocês vão lembrar-se de que tenho dividido o próprio Sistema Solar em quatro princípios fundamentais e os chamei pelos nomes que lhes são atribuídos em tratados sobre o que pode ser chamado de *Tharaka Yoga*. *Tharam*, ou *Pranava*, é também o símbolo do homem manifestado. E os três *Mātrās*, sem a *Ardhamatra*, simbolizam os três princípios, ou as três manifestações da *Mūlaprakriti* original no Sistema Solar. A *Samkya Yoga*, propriamente dita, trata principalmente destes três princípios e a evolução de todos os organismos materiais a partir deles. Uso a palavra material para indicar não só os organismos físicos e astrais, mas também os organismos no Plano Superior ao Astral. Na minha opinião, muito do que está nesse plano também é físico, embora talvez possa diferir, em sua constituição, das formas conhecidas de matéria no plano objetivo comum. O conjunto desse Sistema Solar manifestado está, estritamente falando, dentro do campo da pesquisa física. Embora só tenha sido pesquisada a superfície da parte exterior do Cosmos. É isso, e apenas isso, que a ciência física, até este momento, alcançou. Não tenho a menor dúvida de que no futuro a ciência física será capaz de penetrar profundamente na base oculta do Cosmos, que corresponde ao *Sūtrātmā* dos nossos escritores vedantinos.

Está na esfera do saber da Filosofia Samkya delinear, a partir dos três componentes de *Mūlaprakriti*, todas as várias manifestações físicas. No entanto, não devemos supor que legitimarei de forma alguma a maneira como a Filosofia Samkya, como é atualmente entendida, traça a origem dessas manifestações. Pelo contrário, há todas as razões para acreditarmos que pesquisadores das ciências físicas no Ocidente, como o professor Crookes e outros, chegarão a resultados mais verdadeiros do que os contidos nos sistemas da Filosofia Samkya conhecidos do público. A ciência oculta tem, é claro, uma teoria própria e definitiva sobre a origem desses organismos, mas esse é um assunto que sempre foi mantido em segundo plano, e os detalhes dessa teoria não são necessários para explicarmos as doutrinas da *Bhagavad-Gitā*. No momento será suficiente sabermos qual é a área de atuação da Filosofia Samkya, e o que está surgindo no horizonte da ciência física.

Podemos não ter ideia alguma sobre o tipo de seres que existem no Plano Astral, e sermos ainda menos capazes de fazê-lo no caso daqueles seres que vivem no Plano anterior ao Astral. Para a mente moderna, tudo o mais, além e ao lado desse plano ordinário de existência, é um perfeito espaço em branco. Mas a ciência oculta enuncia definitivamente a existência desses planos mais sutis do ser, e os fenômenos que agora manifestam-se nas chamadas sessões espíritas nos dão uma ideia dos seres que vivem no plano astral. É sabido que na maior parte dos nossos *Purānas* são mencionados os *Devas* que existem em *svarga*.

Nem todos os *Devaganams* mencionados nos *Purānas* estão em *svarga*. *Vasus*, *Rudras*, *Adittyas* e algumas outras classes são, sem dúvida, chamados estritamente de *Devas*. Mas *Yakshas*, *Gandharvas*, *Kinnaras* e vários outros *Ganams* devem ser incluídos entre os seres que existem no Plano da Luz Astral.

Esses seres que habitam o Plano Astral são chamados pelo nome geral de elementais em nossos escritos teosóficos. Mas, além dos elementais, propriamente ditos, ainda existem seres superiores, e é a estes últimos que o nome *Deva* é estritamente aplicável. Não devemos cometer o erro de pensar que a palavra *Deva* significa um deus, e que porque temos 33 milhões de *Devas*, deveríamos, portanto, adorar 33 milhões de deuses. Esse é um erro lamentável, geralmente cometido pelos europeus. *Deva* é um tipo de ser espiritual, e porque a mesma palavra é usada na linguagem comum para significar deus, não significa de modo algum que temos e adoramos 33 milhões de deuses. Esses seres, como podemos naturalmente inferir, têm uma certa afinidade com cada um dos três *upādhis* (veículos) componentes nos quais dividimos o homem.

Um organismo tem sempre certa afinidade com outro organismo composto pelos mesmos materiais e existente no mesmo plano. Como se pode naturalmente esperar, o corpo astral do homem tem afinidades com os elementais, e o chamado *Kārana sharīra* do homem tem afinidade com os *Devas*. Os antigos escritores da Filosofia Hindu têm dividido o Cosmos em três *lokas*. O primeiro é *bhūloka*, o segundo *bhuvarloka*, e o terceiro *suvarloka*. *Bhūloka* é o Plano Físico com o qual estamos familiarizados em geral. *Bhūvarloka* é, estritamente falando, o Plano Astral. Às vezes é chamado *Antariksham* nos *Upanishads*. Mas esse termo não deve ser entendido como significando apenas toda a extensão da atmosfera com a qual estamos familiarizados. A palavra *Antariksham* é usada, não em seu sentido geral, mas em sentido técnico, como pertencente à terminologia filosófica adotada pelos autores das obras em que ela aparece. *Suvarloka* é o que geralmente é conhecido como *Swargam*. De qualquer forma, é o *Devachan* dos escritos teosóficos. Nesse lugar, chamado de *Devachan* pelos budistas, e *Swargam* pelos hindus, localizamos as ordens superiores dos assim chamados *Devaganams*.[11]

Farei mais uma declaração em relação aos três *upādhis* (veículos) no ser humano. Desses três, o que é chamado de *Kārana sharīra* é o mais importante. É assim porque é nele que existe a individualidade superior do homem. Nascimento após nascimento, um novo corpo físico passa a existir, e perece quando a vida terrena termina. O corpo

---

[11] Resumindo:
- Cosmos = 3 *lokas* = *Bhūloka* + *Bhūvarloka* + *Sūvarloka*
- Cosmos = 3 *lokas* = Plano Físico + Plano Astral + *Devachan*
- *Bhūvarloka* (hindus) = Plano Astral = *Antariksham* (*Upanishads*)
- *Sūvarloka* (hindus) = *Swargam* (hindus) = *Devachan* (budistas) = Local onde estão as ordens superiores dos *Devaganams*. (Nota do trad.)

astral, uma vez separado de *Kārana sharīra*, talvez viva por algum tempo, devido à inércia da ação e da existência, já comunicada a ele durante a vida, mas, como essas influências são cortadas a partir da fonte de onde elas originalmente brotavam, a força comunicada, por assim dizer, permanece apenas por inércia, e, mais cedo ou mais tarde, o organismo astral torna-se completamente dissolvido em suas partes componentes. Mas *Kārana sharīra* é um órgão ou organismo que é capaz de existir independentemente do corpo astral. Seu plano de existência é chamado *Sūtrātmā*, porque, como contas em um colar, as sucessivas personalidades são amarradas nesse *Kārana sharīra* à medida que o indivíduo passa de encarnação em encarnação. Por personalidade quero dizer a ideia persistente de eu, com suas associações definidas, desde que essas associações pertençam às experiências de uma encarnação terrena.[12]

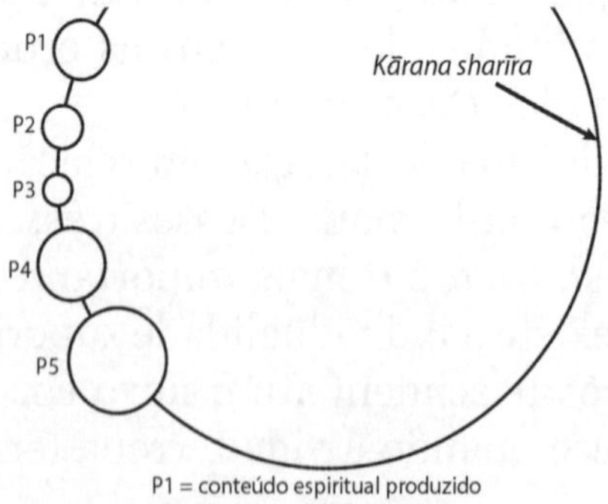

P1 = conteúdo espiritual produzido
pela personalidade na vida 1
(ilustração do tradutor)

[12] Resumindo: Há três veículos (*upādhis*) no ser humano: 1) Corpo Físico = *Sthūla sharīra;* 2) Corpo Astral = Sede da natureza inferior do ser humano; 3) Ego do homem = *Kārana sharīra* = *Jīva* = Individualidade superior. (Nota do trad.)

É claro que todas as associações ou ideias sobre os estados mentais que um ser humano pode experimentar não são necessariamente comunicadas ao homem astral, e muito menos ao *Kārana sharīra*. De todas as experiências do homem físico, o homem astral, ou o *Kārana sharīra* além dele, só pode assimilar aquelas cuja constituição e natureza sejam semelhantes à sua própria constituição e natureza. É coerente com a justiça que nem todos os nossos estados mentais devam ser preservados, pois a maioria deles está relacionada apenas com as ocupações diárias, ou até mesmo com os desejos físicos do ser humano, não havendo necessidade de sua preservação continuada. Mas tudo o que atinge de forma profunda a natureza intelectual do homem, todas as emoções mais elevadas da alma humana e os gostos intelectuais gerados no homem com todas as suas aspirações mais elevadas, tornam-se impressas de forma quase indelével no *Kārana sharīra*. O corpo astral é simplesmente a sede da natureza inferior do homem. Suas paixões e emoções animais, e aqueles pensamentos comuns que geralmente estão conectados com os desejos físicos do homem, podem, sem dúvida, comunicar-se com o homem astral, mas não vão além disso.

Esse *Kārana sharīra* é o que passa como o Ego real, que subsiste através de encarnação em encarnação, acrescentando em cada encarnação algo para seu fundo de experiências, e evoluindo para uma individualidade superior como resultado de todo o processo de assimilação. É por esta razão que o *Kārana sharīra* é chamado de o Ego do homem, e em certos sistemas da filosofia é chamado de o *Jīva*.

Deve-se ter em mente que esse *Kārana sharīra* é principalmente o resultado da ação da luz do *Logos*, que é sua vida e energia, e que é também sua fonte de consciência no plano de *Mūlaprakriti* a que chamamos *Sūtrātmā*, e que é sua base física ou material.

Da combinação desses dois elementos, e da ação da energia da luz que emana do *Logos* sobre esse tipo particular de matéria que constitui a sua estrutura física, é desenvolvida uma espécie de individualidade.

Já mencionei que a existência individual, ou a existência consciente diferenciada, é desenvolvida a partir da corrente única de vida que coloca a máquina evolutiva em movimento. Salientei que é essa corrente de vida que gradualmente dá origem a organismos individuais, à medida que prossegue em sua missão. Além disso, começa a manifestar o que chamamos de vida consciente, e, quando chegamos ao homem, descobrimos que sua individualidade consciente é clara e totalmente definida pela operação dessa força. Ao produzir esse resultado, várias forças secundárias, que são geradas por condições peculiares de tempo, espaço e ambiente, cooperam com essa vida una. O que é geralmente chamado de *Kārana sharīra* é apenas o produto natural da ação de forças que operaram por muito tempo até alcançar esse resultado. Uma vez que o Plano da Consciência é alcançado no caminho do progresso que inclui as ações voluntárias do homem, vemos que essas ações voluntárias não só preservam a individualidade do *Kārana sharīra*, como a tornam mais e mais definida, à medida que o progresso é alcançado, nascimento após nascimento: elas, assim, mantêm a existência continuada do *Jīva* como uma

Mônada individual. Desta forma, em certo sentido, o *Kārana sharīra* é o resultado de impulsos *kármicos*. É como se fosse o filho do *Karma*. Um vive com o outro, e vai desaparecer se a influência do *Karma* puder ser aniquilada. O corpo astral, por outro lado é, em grande medida, o resultado da existência física do homem, na medida em que essa existência se preocupa com suas necessidades físicas, associações e desejos. Portanto, podemos supor que a persistência do corpo astral após a morte, em circunstâncias normais, seja mais ou menos proporcional à força dessas emoções e paixões animais.

Agora, sabendo como o homem é constituído, vamos conhecer quais são as regras a que ele está normalmente sujeito, e qual é o objetivo que toda evolução está buscando. Somente depois disso ter sido determinado é que estaremos em posição de ver se algumas regras especiais podem ser prescritas para sua orientação. Regras que sejam suscetíveis de tornar seu progresso evolucionário mais rápido do que ocorreria de outra maneira.

No caso dos homens comuns, o que acontece após a morte é o seguinte. Primeiro, o *Kārana sharīra* e o corpo astral separam-se do corpo físico. Quando isso acontece, o corpo físico perde sua vida e energia. Ontem tentei explicar a conexão entre os três corpos e a energia da vida agindo dentro deles, comparando a ação dessa vida com a ação de um raio de sol que se reflete sucessivamente sobre três objetos materiais. Veremos a partir dessa comparação que a luz refletida no corpo astral, ou melhor, dentro do corpo astral, é a luz irradiada a partir de *Kārana sharīra*. A partir do corpo astral é novamente refletida em *sthūla sharīra*, constituindo sua vida e energia, e desenvolvendo o senso de ego que experimentamos no corpo físico. Agora, é evidente que, se o *Kārana sharīra* for removido, o corpo astral deixará de receber qualquer reflexo. O *Kārana sharīra* pode existir independentemente do corpo astral, mas o corpo astral não pode sobreviver à separação de *Kārana sharīra.* Da mesma forma, o corpo físico pode continuar a viver pelo tempo que estiver conectado com o corpo astral e com o *Kārana sharīra*, mas, quando esses dois são removidos, o corpo físico perecerá. A única maneira pela qual a corrente da vida pode passar para o corpo físico é por meio do corpo astral. O corpo físico é dissolvido quando separado do corpo astral, porque o impulso que o animou é removido. Na medida em que o *Kārana sharīra* está no plano do *Devachan*, o único lugar ao qual ele pode ir ao separar-se do corpo físico é ao *Devachan*, ou *Swargam*; mas, ao separar-se do corpo astral, ele leva com ele todos os impulsos que foram acumulados pelo *Karma* do homem durante suas sucessivas encarnações.

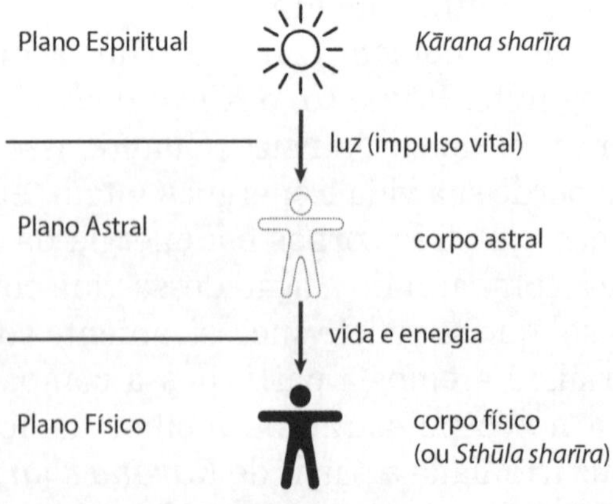

(ilustração do tradutor)

Esses impulsos subsistem nele, e talvez desfrute de uma vida nova no *Devachan* – uma vida diferente de qualquer outra com a qual estamos familiarizados, mas uma vida tão natural para a entidade que a goza como nos parece ser nossa existência consciente agora. Esses impulsos dão origem a uma nova encarnação porque existe uma certa quantidade de energia contida neles, que deve encontrar sua manifestação no Plano Físico. É, portanto, o *Karma* que o leva de encarnação em encarnação.

A região natural do corpo astral é *Bhūvarloka*, ou o Plano Astral. Ele vai para o Plano Astral, e lá fica detido. Muito raramente desce ao Plano Físico, pela simples razão de que o Plano Físico não tem atração natural para ele. Além disso, segue-se necessariamente que, assim como o *Kārana sharīra* não pode permanecer no Plano Físico, o corpo astral não pode permanecer lá. Esse corpo astral perde seu impulso vital quando o *Kārana sharīra* é separado dele. Uma vez que sua fonte de vida e de energia é removida, ele é naturalmente privado da única fonte de vida que pode habilitá-lo a subsistir. Mas como a matéria astral é de uma constituição muito mais fina do que a matéria física, a energia, uma vez que lhe foi comunicada, subsiste durante mais tempo do que quando comunicada à matéria física. Uma vez separado do corpo astral, o corpo físico morre muito rapidamente, mas no caso do corpo astral é necessário algum tempo antes que a completa dissolução possa ocorrer, porque os impulsos já comunicados a ele ainda mantêm as partículas juntas, e seu período da existência *post-mortem* é proporcional à força desses impulsos. Até que essa força se esgote, o corpo astral mantém-se íntegro. A duração de sua existência independente no Plano Astral dependerá, pois, da força de seu desejo para a vida e da intensidade de seus desejos insatisfeitos. Essa é a razão pela qual, no caso de suicidas e dos que morrem de mortes prematuras, havendo no momento da morte uma forte paixão ou um forte desejo que tenham sido incapazes de satisfazer durante a vida, mas sobre os quais concentraram toda sua energia, o corpo astral subsiste durante determinado período de tempo, e pode até mesmo fazer esforços desesperados para descer ao Plano Físico para realizar seu objetivo. A maioria dos fenômenos espíritas deve ser contabilizada com base nesse princípio, e também sobre o princípio de que muitos dos fenômenos exibidos em sessões são realmente produzidos por elementais (que, naturalmente, subsistem no Plano Astral) que aparecem como se estivessem em trajes de elementares ou *pisāchas*.

Não preciso entrar com maior profundidade nesse assunto, que tem relação muito remota com os ensinamentos da *Bhagavad-Gitā*, com os quais estou preocupado. Basta dizer que o que foi dito é tudo o que normalmente acontece quando ocorre a morte de um homem, mas que existem certos tipos de *Karma* que podem apresentar exceções à lei geral. Suponha, por exemplo, que um homem dedicou toda a sua vida à evocação de elementais. Nesse caso, ou os elementais tomam posse do homem e fazem dele um médium, ou, se não fizerem isso completamente, tomam posse de seu corpo astral e o absorvem no momento da morte. Nesse último caso, o corpo astral, associando-se com um ser elemental independente, vai subsistir por um período considerável de tempo. Mas, apesar de a adoração aos elementais poder levar à mediunidade – à mediunidade irresponsável na maioria dos casos – e podendo confundir o intelecto de um homem, e fazê-lo moralmente pior do que era antes, esses elementais não serão capazes de destruir o *Kārana sharīra.* Ainda assim, não é de modo algum desejável que nos coloquemos sob o controle dos elementais.

Há, no entanto, outro tipo de culto que um homem pode seguir e que pode levá-lo a resultados muito mais graves. O que pode acontecer ao corpo astral, também pode acontecer ao *Kārana sharīra.* O *Kārana sharīra* tem a mesma relação com os *Devas* em *Swargam* que o corpo astral tem com os elementais no Plano Astral. Nesse *Devaloka* há seres, ou entidades, alguns perniciosos e alguns bons, e, se um homem que deseja evocar estes poderes fixar sua atenção sobre eles poderá, no decorrer do tempo, atrair esses poderes para si mesmo, e é bem possível que quando a força gerada pela concentração de sua atenção sobre esses seres atingir uma certa quantidade de força, o *Kārana sharīra* possa ser absorvido por um desses *Devas*, assim como o corpo astral pode ser absorvido por um elemental. Esse é um resultado muito mais grave do que qualquer outro que possa acontecer a um homem no caso de cultos a elementais, pela simples razão de que ele não terá mais nenhuma perspectiva de alcançar o *Logos.*

Toda sua individualidade é absorvida por um desses seres, e subsistirá enquanto esse ser existir, mas não além disso. Quando o *pralaya* cósmico ocorrer, ele será dissolvido, assim como todos esses seres serão dissolvidos. Para ele não há imortalidade. Ele pode de fato ter uma vida de milhões de anos, mas o que são milhões de anos comparados à imortalidade? Lembrem-se do que é dito no livro do

Sr. Sinnett, que há algo como a imortalidade no mal. Esta declaração, tal como está, é sem dúvida um exagero. O que o Sr. Sinnett quis dizer foi que, quando aqueles que seguem o caminho da mão-esquerda evocam certos poderes que são maus em sua natureza, podem transferir suas próprias individualidades a esses poderes, e subsistirão neles até o momento do *pralaya* cósmico. Esses se tornariam então poderes formidáveis no Cosmos, e poderiam interferir de forma considerável nos assuntos da humanidade. E até mesmo podem causar mais problemas no que diz respeito à humanidade, do que os próprios poderes genuínos devido à associação de uma individualidade humana com um desses poderes. É por essa razão que todas as grandes religiões têm inculcado uma grande verdade: que o homem não deve, para ter ganhos ou lucros, ou para adquirir quaisquer objetos, por mais tentador que seja, desenvolver tais poderes, mas deve dedicar totalmente sua atenção e adoração ao verdadeiro *Logos*, aceito por todas as grandes e verdadeiras religiões do mundo, já que só isto pode levar o homem com segurança ao longo do verdadeiro caminho da moral, e capacitá-lo a subir mais e mais, até que ele viva nele como um ser imortal, como o manifestado *Eswara* (*Ishvara*) do Cosmos, e, se necessário, como a fonte de iluminação espiritual para as gerações vindouras.

É para essa direção, que em alguns casos pode até ser acelerada, que toda a evolução está se dirigindo. O único grande poder, que está como que guiando todo o curso da evolução, e que conduz a Natureza em direção à sua meta, por assim dizer, é a luz do *Logos*. O *Logos* é como se fosse um padrão, e emanando dele há a luz da vida. Ela vai ao mundo com esse padrão impresso nela e, depois de passar por todo o ciclo evolutivo, tenta voltar ao *Logos* de onde surgiu. O progresso evolutivo ocorre pelo aperfeiçoamento contínuo do *upādhi*, ou organismo por meio do qual a luz atua. Ele próprio não tem necessidade de melhorias. O que se aperfeiçoa não é nem o *Logos* nem a luz do *Logos*, mas o *upādhi* ou estrutura física através da qual essa luz está agindo. Já dissemos que é da pureza e da natureza desse *upādhi* que dependem principalmente a clareza e o esplendor manifestados do *Logos*. À medida que o tempo passa, a inteligência do homem nos planos espiritual, astral e físico se torna mais e mais perfeita, assim como os *upādhis* são aperfeiçoados, até que certo ponto seja atingido, quando o homem estará habilitado a fazer a última tentativa de perceber e reconhecer o seu *Logos*, a menos que escolha deliberadamente fechar os olhos, e preferir a perdição à imortalidade. É nesse sentido que a Natureza está trabalhando.

Indiquei que existem alguns casos que podem causar perturbação no progresso geral, e mencionei as causas que podem facilitar esse progresso. Todas as iniciações que o homem inventou foram criadas com o propósito de dar a ele uma ideia clara do *Logos*, para indicar o objetivo e estabelecer as regras pelas quais seja possível facilitar a aproximação do objetivo, para o qual a Natureza trabalha constantemente.

Essas são as premissas das quais parte Krishna [na *Bhagavad-Gitā]*. Seja pelas declarações expressas, seja pelas deduções necessárias, todas essas proposições estão presentes nesse livro, e, considerando sua posição sobre essas proposições fundamentais, Krishna começa a construir sua teoria prática da vida.

Ao apresentar essa teoria não fiz qualquer referência a passagens específicas da *Bhagavad-Gitā*. Se ficasse indicando constantemente as passagens destacadas nas quais essas proposições são mencionadas, de forma expressa ou implícita, só teria criado confusão, por isso, pareceu-me melhor começar por apresentar a teoria em minha própria linguagem, a fim de lhes dar uma ideia dela como um todo. Não penso que haja concordância entre todos os seguidores de cada religião na Índia quanto a serem essas as premissas das quais Krishna partiu. A teoria tem sido mal interpretada por muitos filósofos, e, no decorrer do tempo, as especulações dos samkyas introduziram uma fonte de erro que tem exercido importante influência sobre o desenvolvimento da Filosofia Hindu. Não há, no entanto, a menor dúvida, em minha mente, de que o que eu disse inclui as bases da verdadeira Filosofia Vedanta. Tendo pouco tempo à minha disposição, considerei desnecessário citar autoridades: se tivesse feito isso, teria levado não três dias, mas três anos, para explicar a Filosofia da *Bhagavad-Gitā*. Deixarei que vocês examinem essas proposições e verifiquem cuidadosamente o quão longe elas parecem estar por trás não apenas do Hinduísmo, mas do Budismo, das Filosofias antigas dos egípcios e dos caldeus, das especulações dos rosacruzes, e de quase todos os outros sistemas que tenham a mais remota conexão com o Ocultismo desde os tempos ancestrais até os assim chamados períodos históricos.

Vou voltar agora para o livro em si: geralmente supõe-se que Krishna é um *Avatar*. Essa teoria dos *Avatares* tem um papel muito importante na Filosofia Hindu, e, se não for devidamente compreendida, é provável que surjam grandes equívocos para aceitação do ponto de vista relativo a este *Avatar*. Supõe-se geralmente que Krishna é o *Avatar* de um grande Deus pessoal que existe no Cosmos. É claro que aqueles que sustentam essa opinião não tentam explicar como esse grande Deus pessoal conseguiu configurar uma conexão íntima com o corpo físico de Krishna, constituído como é o corpo físico de cada homem, ou mesmo com a personalidade, ou individualidade humana, que parece ser similar à de qualquer outro ser humano. E como explicaremos a teoria dos *Avatares*, como geralmente apresentada, referindo-nos à visão desse *Avatar* em particular ao qual me referi? Essa visão não tem qualquer sustentação. O *Logos* em si não é um Deus pessoal do Cosmos. O grande *Parabrahman* por trás disso é de fato um [Deus pessoal do Cosmos] e *niramsa*, indiferenciado e eternamente existente, mas *Parabrahman* não pode nunca manifestar-se como nenhum desses *Avatares*. Ele pode, naturalmente, manifestar-se de maneira peculiar como o Cosmos inteiro, ou melhor, como a suposta base, ou essência una, sobre a qual o Cosmos inteiro parece estar sobreposto, a única fundação para toda existência. Mas ele pode manifestar-se de um modo que se aproxima da concepção de um Deus pessoal apenas quando se manifesta como o *Logos*. De qualquer modo, se *Avatares* são possíveis, eles só podem relacionar-se ao *Logos*, ou *Eswara*, e não ao que tenho chamado *Parabrahman*. Mas a questão ainda permanece: o que é um *Avatar*? De acordo com a teoria geral que tenho visto, no caso de cada homem que se torna um *Mukta* ocorre uma união com o *Logos*. Ela pode ser concebida ou como a alma sendo alçada ao *Logos*, ou como o *Logos* descendo do seu alto plano para associar-se com a alma. Na maioria dos casos, essa associação da alma com o *Logos* é completada apenas após a morte – a última morte pela qual essa pessoa tem de passar.

Em alguns casos especiais, o *Logos* desce ao plano da alma e associa-se com a alma durante a vida do indivíduo, mas esses casos são muito raros. No caso de tais seres, enquanto eles ainda existem como homens comuns no Plano Físico, em vez de terem em sua alma apenas um reflexo do *Logos*, eles têm o próprio *Logos*. E tais seres têm aparecido ao longo da história. Os budistas dizem que, no caso de Buda, ocorreu essa união permanente quando ele alcançou o que eles chamam de *Para-nirvāna*, quase 20 anos antes da morte de seu corpo físico. Os cristãos dizem que o *Logos* se fez carne, por assim dizer, e nasceu como Cristo – como Jesus – embora os cristãos não façam uma análise clara de suas proposições. Há, no entanto, alguns grupos de cristãos que têm uma visão mais filosófica da questão e dizem que o *Logos* divino associou-se ao homem chamado Jesus em algum momento de sua jornada, e que foi só depois dessa união que ele começou a realizar seus milagres e mostrar seu poder como um grande reformador e salvador da humanidade.

Se essa união ocorreu como um acontecimento especial no caso de Jesus, ou se tal união ocorreria no caso de cada *Mahatma* ou *Maharishi* quando ele se torna um *Jīvanmukta*, não podemos dizer, a menos que saibamos muito mais sobre ele do que a Bíblia pode nos ensinar. No caso de Krishna a mesma questão se coloca. *Mahavishnu* é um deus, e é um representante do *Logos*. Ele é considerado como o *Logos* pela maioria dos hindus. A partir disso, contudo, não devemos inferir que haja apenas um *Logos* no Cosmos, ou mesmo que apenas uma forma de *Logos* é possível no Cosmos. No momento estou preocupado apenas com essa forma do *Logos*, e ela parece ser a base dos ensinamentos que estamos considerando.

Existem dois pontos de vista que podemos considerar em relação aos *Avatares* humanos, tais como, por exemplo, Rama, Krishna, e Parasurama. Alguns vaishnavitas negam que Buda tenha sido um *Avatar* de *Vishnu*. Mas esse foi um caso excepcional, e é muito pouco compreendido por qualquer vaishnavita ou budista. O *Avatar* de Parasurama certamente será contestado por alguns escritores. Acredito que, olhando para as coisas terríveis que ele fez, os Madwas pensaram que, no caso de Parasurama, não havia um verdadeiro *Avatar*, mas uma mera sombra sobre o homem, lançada por *Mahavishnu*. Mas, deixando de lado casos polêmicos, temos dois indiscutíveis *avatares* humanos: Rama e Krishna.

Tomemos, por exemplo, o caso de Krishna. Nesse caso, são possíveis dois pontos de vista. No primeiro ponto de vista, podemos supor que Krishna, como um indivíduo, era um homem que vinha evoluindo há milhões de anos, e tinha atingido grande perfeição espiritual, e que no decurso de seu progresso espiritual o *Logos* desceu até ele e associou-se com sua alma. Nesse caso, não é o *Logos* que se manifestou como Krishna, mas sim Krishna que se ergueu até a posição do *Logos*. No caso de um *Mahatma* que se torna um *Jivanmukta*, é sua alma, por assim dizer, que é transformada no *Logos*. No segundo ponto de vista, no caso de o

Logos descer dentro de um homem, ele faz isso não em razão da perfeição espiritual do homem, mas por algum motivo oculto próprio para o benefício da humanidade. Nesse caso é o *Logos* que desce ao plano da alma e manifesta sua energia através da alma e na alma, e não a alma que ascende ao plano do *Logos*.

Teoricamente é possível acolhermos qualquer um desses dois pontos de vista. Mas há uma dificuldade. Se tivermos a liberdade de chamar de *Avatar* o homem que se torna um *Jīvanmukta*, seremos obrigados a chamar Suka, Vasishta, Durvasa e talvez todos os *Maharishis* que se tornaram *Jīvanmuktas* de *Avatares*, mas eles não são geralmente chamados de *Avatares*. Sem dúvida, alguns dos grandes *Rishis* são mencionados na lista dos *Avatares*, por exemplo, na *Bhagavad-Gitā*, mas nenhuma explicação clara é dada para o fato de que os dez *Avatares* ordinariamente mencionados são vistos como os *Avatares* de *Mahavishnu*, e os demais como suas manifestações, ou seres nos quais sua luz e conhecimento foram depositados momentaneamente, ou, por uma razão ou outra, esses outros não são considerados *Avatares* no sentido estrito da palavra. Mas, se esses não são *Avatares*, então teremos de supor que Krishna e Rama são chamados de *Avatares* não porque têm em si um exemplo de uma alma que se tornou um *Jīvanmukta* e assim associou-se com o *Logos*, mas porque o *Logos* desceu ao plano da alma, e, associando-se com a alma, trabalhou nela e por ela no plano da humanidade por alguma coisa grande que tinha de ser feita no mundo. Acredito que esse último ponto de vista será considerado o correto. Nosso respeito por Krishna não precisa ser reduzido de forma nenhuma por conta disso. O verdadeiro Krishna não é o homem por meio do qual o *Logos* apareceu, mas o próprio *Logos*. Talvez nosso respeito só aumente quando virmos que esse é o caso do *Logos* quando desce num ser humano para o bem da humanidade. Ele não é onerado com qualquer individualidade particular nesse caso, e talvez tenha maior poder de exercitar-se com o propósito de fazer o bem para a humanidade – não apenas com o propósito de fazer o bem para um homem, mas com o propósito de salvar milhões.

Há duas passagens obscuras no *Mahabharata* que serão consideradas muito difíceis de explicar pelos defensores da teoria ortodoxa. Vamos começar com Rama. Suponha que Rama não era a Mônada individual mais o *Logos*, mas de alguma maneira inexplicável era o *Logos* que se fez carne. Então, quando o corpo físico desapareceu não deveria haver mais nada, mas apenas o *Logos* – não deveria haver nenhuma personalidade para seguir seu próprio curso. Esse parece ser o resultado inevitável se quisermos aceitar a teoria ortodoxa. Mas há uma afirmação feita por Narada no *Lokapala Sabha Varnana*, no *Mahabharata*, na qual ele diz, falando do tribunal de Yama, um dos *Devas*, que Dasaratha Rama era uma das pessoas ali presentes. Agora, se o indivíduo Rama era apenas um *Māyā* – não no sentido em que cada ser humano é um *Māyā*, mas em um sentido especial, – não há a menor razão pela qual ele deva subsistir após a finalidade para a qual esse traje *Māyā* foi requerido.

É dito no *Ramayana* que o *Logos* foi para seu lugar de residência quando Rama morreu, ainda que encontremos, no *Mahabharata Dasaratha*, Rama mencionado junto com uma série de outros reis como um indivíduo presente em *Yamaloka*, o qual, no mais alto nível, leva-nos somente até o *Devachan*. Essa afirmação torna-se perfeitamente consistente com a teoria que defendo, se for devidamente compreendida. Rama era um indivíduo, constituído como qualquer outro homem. Provavelmente ele já tivera várias encarnações anteriormente, e estava destinado, mesmo depois de sua grande encarnação, a ter vários nascimentos subsequentes. Quando ele apareceu como o *Avatar* Rama, não foi a alma de Rama que se transformou no *Logos*, ou o próprio Rama como *Jīvanmukta* que fez todos os grandes feitos narrados no *Ramayana* – alegórico como ele é, – mas foi o *Logos*, ou *Mahavishnu*, que desceu ao plano da alma e associou-se momentaneamente com uma alma específica com o objetivo de agir através dela. Também no caso de Krishna encontramos uma dificuldade semelhante. Vamos avançar, por exemplo, até o final do *Mousala Parva* no *Mahabharata*, onde encontraremos uma passagem curiosa. Falando da morte de Krishna, o autor diz que a alma foi para o céu – que corresponde ao *Devachan*, – onde foi recebida com as devidas honras por todos os *Devas*. Então é dito que *Nārāyana* partiu daquele lugar para o seu próprio lugar, *Nārāyana* sendo o símbolo do *Logos*. Imediatamente depois segue-se uma estrofe descrevendo a existência de Krishna em *Swargam*, e mais adiante, descobrimos que quando a alma do Dharmaraja entrou em *Swargam*, ele encontrou Krishna lá. Como essas duas afirmações podem se reconciliar? A menos que suponhamos que *Nārāyana*, cuja energia e sabedoria foram manifestadas através do homem Krishna, fosse um poder espiritual manifestando-se em separado momentaneamente nesse indivíduo, não há solução para essa dificuldade. Partindo dessas duas afirmações não devemos estar muito errados ao inferirmos que os *Avatares* de que estamos falando foram as manifestações de um mesmo poder, o *Logos*, o qual os grandes escritores da antiguidade hindu chamavam *Mahavishnu*. Quem então é esse *Mahavishnu*? Por que esse *Logos*, em particular, se existem vários outros *Logoi* no Universo, tomou para si os cuidados da humanidade, e manifestou-se na forma de vários *Avatares*; e, além disso, é possível para cada um dos outros adeptos, depois que ele se torna associado com o Logos, descer da mesma maneira como um *Avatar* para o bem da humanidade?

Uma discussão clara dessas perguntas nos levará a considerações profundas quanto aos mistérios da ciência oculta, e para explicá-los claramente eu deveria apresentar uma série de teorias que só podem ser comunicadas no momento da Iniciação. Possivelmente alguma luz será lançada sobre o assunto em *A Doutrina Secreta*, mas seria prematuro para mim discutir a questão agora. Será suficiente dizer que esse *Mahavishnu* parece ser o *Dhyan Chohan* que apareceu pela primeira vez neste planeta, quando a evolução humana começou durante este *Kalpa*, e que colocou o progresso evolutivo em movimento, e cujo dever é zelar pelos interesses da humanidade até que os sete *Manvantaras* pelos quais estamos passando estejam terminados.

Pode ser que o próprio *Logos* estivesse associado a um *Jīvanmukta*, ou a um grande *Mahatma* de um *Kalpa* anterior. Embora isso possa ter ocorrido, ele é um *Logos*, e, como tal, somente ele tem importância para nós no momento. Talvez em *Kalpas* anteriores, dos quais já houve milhões, aquele *Logos* poderia ter-se associado com uma série de *Mahatmas*, e todas as suas individualidades poderiam ter subsistido nele; no entanto, ele tem uma individualidade distinta própria. Ele é *Eswara*, e é apenas como um *Logos* em abstrato que devemos considerá-lo nessa perspectiva. Penso que é necessário dar essa explicação com a finalidade de permitir que vocês entendam certas declarações feitas por Krishna, que não se tornarão inteligíveis a não ser que sejam consideradas em conexão com o que eu disse.

Terceira Conferência

Nesta palestra vou apresentar as premissas que tenho utilizado, com referência especial às várias passagens que as indicam neste livro (a *Bhagavad-Gitā*).

Recordem-se de que comecei com a causa primeira, a que chamei de *Parabrahman*. Qualquer definição positiva deste princípio é, certamente, impossível, e uma definição negativa é tudo o que pode ser tentado, tendo em vista a natureza desse caso. Alguns filósofos acreditam que o próprio Krishna é *Parabrahman* – que ele é o Deus pessoal, que é *Parabrahman*, – mas as palavras usadas por Krishna ao falar de *Parabrahman*, e a maneira com que lida com o assunto mostram claramente que ele faz uma distinção entre si próprio e *Parabrahman*.

Sem dúvida ele é uma manifestação de *Parabrahman*, como cada *Logos* também é. E *Pratyagātmā* [a alma individual] é *Parabrahman* no sentido em que essa proposição é estabelecida pelos advaitas. Essa declaração está na base de toda a filosofia advaita, mas é muitas vezes incompreendida. Quando os advaitas dizem "*Aham eva Parabrahman*" ["Eu sou, na verdade, o Ilimitado"] não querem dizer que este *ahamkara* (egotismo) é *Parabrahman*, mas que o único verdadeiro Ser no Cosmos, o *Logos* ou *Pratyagātmā*, é uma manifestação de *Parabrahman*.

Notem que Krishna ao falar de si mesmo nunca usa a palavra *Parabrahman*, mas coloca-se na posição de *Pratyagātmā*, e é desse ponto de vista que o encontramos falando constantemente. Sempre que fala de *Pratyagātmā* ele fala de si mesmo, e sempre que fala de *Parabrahman*, ele fala de *Parabrahman* como sendo algo diferente de si mesmo.

Agora vou analisar todas as passagens que fazem referência a *Parabrahman* neste livro. A primeira passagem que vou destacar é o capítulo VIII, verso 3:

"O Espírito eterno é o Supremo *Brahmā*. Sua condição como *Pratyagātmā* é chamada de *Adhyātmā*. *Karma* é a ação que leva à existência encarnada."

As únicas palavras usadas aqui para denotar *Parabrahman* [o Princípio Imutável, Onipresente, Eterno e Sem Fronteiras] são *Aksharam* [o Imperecível] e *Brahmā* [a hierarquia do Sistema Solar]. Essas são as palavras geralmente usadas. Notem que em nenhum lugar *Parabrahman* é chamado de *Eswara* [*Ishvara*], nem de *Maheswara* [*Mahaishvara*]. Ele nem sequer alude a *Parabrahman* como *Ātmā* com frequência. Até mesmo o termo *Paramātmā* ele aplica a si próprio, mas não a *Parabrahman*. Acredito que a razão para isso é que a palavra *Ātmā*, rigorosamente falando, significa a mesma coisa que Ser, não sendo essa ideia de Ser relacionada de forma alguma com *Parabrahman*. Essa ideia de Ser surgiu com o *Logos*, e não antes dele; portanto *Parabrahman* não deve ser chamado de *Paramātmā* ou de qualquer tipo de *Ātmā*. Em um único lugar Krishna, falando de *Parabrahman*, diz que é seu *Ātmā*. Exceto nesse caso, em nenhum outro lugar ele usa a palavra *Ātmā* ou *Paramātmā* ao falar de *Parabrahman*. Falando rigorosamente, *Parabrahman* é o próprio fundamento do Ser mais elevado. *Paramātmā* é, contudo, um termo também aplicado a *Parabrahman* como distinto de

Pratyagātmā. Quando assim aplicado é usado num sentido estritamente técnico. Sempre que o termo *Pratyagātmā* é usado, encontramos *Paramātmā* [Alma Suprema] empregado para expressar algo distinto dele.

Não se deve supor que o Ego, nem qualquer ideia de Ser, possam ser associados com, ou considerados como inerentes a *Parabrahman*. Talvez se possa dizer que a ideia de Ser é latente em *Parabrahman*, como tudo está latente nele, e, se por conta disso, conectarmos a ideia de Ser com *Parabrahman*, haverá justificativa para aplicar o termo *Paramātmā* a *Parabrahman*. Mas, para evitar confusões, é muito melhor usarmos nossas palavras em um sentido claro, e darmos a cada uma delas conotação distinta, sobre a qual não possa haver controvérsias. Vamos agora para o capítulo VIII, verso 11:

"Em breves palavras vou revelar-te esse lugar (*padam*) que os conhecedores dos *Vedas* chamam de indestrutível (*aksharam*), onde adentram os ascetas livres de desejo, o destino almejado por aqueles que observam *Brahmacharyam*."

Aqui encontramos outra palavra utilizada por Krishna quando fala de *Parabrahman*. Ele o chama de seu *padam* – a morada da bem-aventurança, ou *Nirvāna*. Quando ele chama *Parabrahman* de seu *padam* ou domicílio, ele não quer dizer *vaikuntha loka* ou qualquer outro tipo de *loka*; Krishna fala de *Parabrahman* como sua morada, pois é no seio de *Parabrahman* que o *Logos* reside. Ele se refere a *Parabrahman* como a morada da bem-aventurança, onde reside eternamente o *Logos*, manifestado ou não manifestado. Vamos voltar novamente para o capítulo VIII, verso 21:

"Aquilo que é dito não manifestado e imutável é a meta suprema a ser alcançada. Esse lugar do qual não há retorno para os que o alcançam é a minha morada suprema."

Aqui o mesmo tipo de linguagem é usado, e a referência é a *Parabrahman*. Quando qualquer alma é absorvida no *Logos*, ou atinge o *Logos*, pode-se dizer ter atingido *Parabrahman*, que é o centro do *Logos*, e como o *Logos* reside no seio do *Parabrahman*, quando a alma atinge o *Logos* também atinge *Parabrahman*.

Aqui notamos que ele fala novamente de *Parabrahman* como sua morada.

Vamos agora para o capítulo IX, versos 4, 5 e 6:

"Todo esse Universo é permeado por mim em minha forma não manifestada (*Avyaktamurti*). Eu sou, assim, o sustentador de todas as existências manifestadas, mas não sou sustentado por elas."

"Olhem para minha condição quando estou manifestado como *Eswara* (*Logos*): essas manifestações fenomênicas não estão dentro de mim. Meu *Ātmā*, entretanto, é a base e a origem dos seres manifestados, embora não exista em combinação com eles."

"Imaginem que todos os seres manifestados estão dentro de mim, assim como a atmosfera que se espalha por toda parte está sempre no espaço."

Na minha última palestra tentei explicar a misteriosa conexão entre *Parabrahman* e *Mūlaprakriti*. *Parabrahman* nunca é diferenciado. O que é diferenciado é *Mūlaprakriti*, às vezes chamada de *Avyakta*, e em outros lugares de *Kūtastham*, que significa simplesmente o Elemento indiferenciado. No entanto, *Parabrahman* parece ser a única base para todos os fenômenos físicos, ou para todos os fenômenos que se referem em geral a *Mūlaprakriti*. Afinal, para nós, qualquer objeto material não é nada mais do que um conjunto de atributos. Seja por conta de uma propensão inata dentro de nós ou por uma questão de inferência, sempre supomos que existe um não Ego que tem esse conjunto de atributos sobreposto sobre ele e é a base de todos esses atributos. Se não fosse por esta essência não poderia haver corpo físico. Mas esses atributos não brotam de *Parabrahman* em si, mas a partir de *Mūlaprakriti*, que é o seu véu. *Mūlaprakriti* é o véu de *Parabrahman*. Não é *Parabrahman* em si, mas apenas sua aparência. É puramente fenomênico. É sem dúvida muito mais persistente do que qualquer outro tipo de existência objetiva. Sendo o primeiro modo ou manifestação da realidade única absoluta e incondicionada, parece ser a base de todas as manifestações posteriores. Falando desse aspecto de *Parabrahman*, Krishna diz que o Cosmos inteiro é permeado por ele, que é sua forma *Avyakta*.

Assim, ele fala de *Parabrahman* como seu *Avyaktamurti*, porque *Parabrahman* é incognoscível, e só se torna cognoscível, quando se manifesta como o *Logos* ou *Eswara*. Aqui ele está tentando indicar que *Parabrahman* é o *Avyaktamurti* do *Logos*, assim como é o *Ātmā* do *Logos*, que está presente em toda parte, uma vez que é o *Ātmā* do Universo, e aparece diferenciado, – quando se manifesta na forma de vários *Logos* trabalhando no Cosmos, embora em si mesmo indiferenciado, – e, embora seja a base de todas as manifestações fenomênicas, não participa dos *vikarams* dessas manifestações fenomenais.

Vamos agora para o capítulo XII, versos 13, 14, 15, 16 e 17. [13]

Aqui, novamente, ao falar de *Parabrahman* nos versos 15, 16 e 17, Krishna estabelece uma proposição que já expliquei longamente. Então, não precisarei explicar em detalhes o significado desses versos para que vocês possam compreendê-los facilmente.

Vamos voltar para o capítulo XIV, verso 27:

"Eu sou a imagem ou a sede de *Brahman* imortal e indestrutível, da lei eterna e da felicidade imperturbável."

Aqui Krishna está se referindo a si mesmo como uma manifestação ou imagem de *Parabrahman*. Ele diz que é o *Pratishta* de *Parabrahman*, não chama a si mesmo de *Parabrahman*, mas somente sua imagem ou manifestação.

A única outra passagem em que Krishna refere-se ao mesmo assunto é no capítulo XV, verso 6:

"Essa é a minha morada suprema (*dhama*), que nem o sol, nem a lua, nem o fogo ilumina. Aqueles que nela adentram não retornam."

Mais uma vez ele fala de *padam* e refere-se a *Parabrahman* como sua morada. Acredito que essas são todas as declarações que se referem a *Parabrahman* nesse livro, e elas são suficientes para indicar sua posição muito claramente, e para mostrar a natureza de sua ligação com o *Logos*. Passarei agora a apontar as passagens em que se fazem referências ao *Logos* em si.

Estritamente falando, esse livro poderia ser chamado de o livro da Filosofia do *Logos*. Não há praticamente página alguma que, direta ou indiretamente, não se refira

---

[13] Esta e algumas das outras citações não foram incluídas por conta de sua extensão. (Nota do trad.)

a ele. No entanto, há algumas passagens importantes e significativas que devemos examinar, de modo que possamos ver se o que eu disse, sobre a natureza e as funções do *Logos* e sua conexão com a humanidade e a alma humana, está apoiado pelos ensinamentos desse livro. Voltemos ao capítulo IV, e vamos examinar o significado dos versos 5 a 11:

"Ó Arjuna, eu e tu passamos por muitos nascimentos. Eu sou consciente de todos eles, mas tu não és, Ó assediador de inimigos.

"Mesmo eu, que sou inato, imperecível, o Senhor de todos os seres, que controlo minha própria Natureza, nasço por meio da instrumentalidade de minha *Māyā*,

"Ó *Bharata*, sempre que há um declínio do *dharma* ou da retidão e a propagação de *adharma* ou do desvio, eu crio a mim mesmo.

"Eu nasço em cada *yuga* para proteger o bem, para destruir os malfeitores, e para restabelecer o *dharma*.

"Ó Arjuna, aquele que entende verdadeiramente o meu nascimento divino e ação, abandonando seu corpo, chega até mim, e não vem ao nascimento de novo.

"Muitos, que estão livres do medo, da paixão e da raiva, dedicados a mim e cheios de mim, purificados pela sabedoria espiritual, atingiram a minha condição."

Esta passagem se refere, é claro, não só ao *Logos* em abstrato, mas também às próprias encarnações de Krishna. Nota-se que ele fala aqui como se o seu *Logos* já tivesse se associado a várias personalidades, ou individualidades humanas, em *yugas* anteriores, e ele diz que se lembra de tudo o que ocorreu em conexão com essas encarnações. Naturalmente, dado que não podia haver *karmabandham* no que concerne a ele, seu *Logos*, quando se associou a uma alma humana, não perderia a sua própria independência de ação, como uma alma confinada pelos laços da matéria. E porque sua inteligência e sabedoria não foram de modo algum obscurecidas por esta associação com uma alma humana, ele diz que pode recordar todas as suas encarnações anteriores, enquanto que Arjuna, por não ter ainda recebido plenamente a luz do *Logos*, não está em condições de compreender tudo o que aconteceu em relação a seus antigos nascimentos. Ele diz que é seu objetivo cuidar do bem-estar da humanidade, e que sempre que uma encarnação especial é necessária, ele se une à alma de um indivíduo em particular e aparece em várias formas com a finalidade de estabelecer o *dharma* e de corrigir as questões no plano da vida humana, se *adharma* consegue o predomínio.

A partir das palavras que ele usa, há razão para supor que o número de suas próprias encarnações foi muito grande, mais do que nossos livros estão dispostos a admitir. Ele, aparentemente, refere-se a encarnações humanas; se os *janmas* ou encarnações mencionadas são simplesmente as encarnações humanas reconhecidas de *Vishnu*, haveria talvez apenas duas encarnações antes de Krishna: Rama e Parasurama, porque os *Avatares* Matsya, Kurma, Varaha e Narasimha não foram, estritamente falando, encarnações humanas. Mesmo Vamana não nasceu de pai ou mãe humana.

Os mistérios destas encarnações jazem na profundidade dos santuários internos da antiga ciência arcana, e só podem ser compreendidos, revelando-se algumas verdades ocultas. As encarnações humanas podem, no entanto, ser entendidas pelas observações já feitas. Pode ser que este

Logos, que chamou para si a atenção da humanidade, não encarnou apenas em conexão com os dois indivíduos cuja história vemos narrada no *Ramayana* e no *Mahabharata*, mas também, talvez em conexão com vários indivíduos que têm aparecido em diferentes partes do mundo e em diferentes momentos como grandes reformadores e salvadores da humanidade.

Repetindo, estes *janmams* poderiam não só incluir todas as encarnações especiais que este *Logos* experimentou, mas também poderiam talvez incluir todas as encarnações desse indivíduo, que no curso de seu progresso espiritual, finalmente se uniram a ele próprio, ou uniram sua alma com o *Logos*, que tem sido representado como o anjo guardião, digamos assim, dos melhores e mais elevados interesses da humanidade neste planeta.

Em relação a isto, há uma grande verdade para a qual devo chamar a atenção de vocês. Sempre que algum indivíduo em particular alcança o estado mais elevado de cultura espiritual, desenvolve em si mesmo todas as virtudes que lhe dão direito a uma união com o *Logos* e finalmente une sua alma ao *Logos*; há, por assim dizer, uma espécie de reação que emana desse *Logos* pelo bem da humanidade. Se me permitem utilizar um símile, posso compará-lo com o que pode acontecer no caso do sol quando um cometa cai sobre ele. Se um cometa cai sobre o sol, há necessariamente um aumento de calor e luz. Acontece o mesmo no caso de um ser humano que desenvolveu em si próprio um amor desinteressado pela humanidade. Ele une suas qualidades mais elevadas ao *Logos*, e quando chega o momento da união final é gerado nele um impulso de encarnar pelo bem da humanidade. Mesmo que não encarne, em realidade, faz descer sua influência pelo bem da humanidade. Esta influência pode ser concebida como uma graça espiritual invisível que desce do céu e se derrama sobre a humanidade, por assim dizer, toda vez que algum grande *Mahatma* une sua alma ao *Logos*. Cada *Mahatma* que une sua alma ao *Logos* é, pois, uma fonte de imenso poder para o bem da humanidade nas gerações seguintes. É dito que os *Mahatmas*, ao viverem como vivem, apartados do mundo, são totalmente inúteis no que diz respeito à humanidade, mesmo enquanto vivos, e mais ainda quando alcançaram o *Nirvāna*. Esta é uma premissa absurda proposta por alguns escritores que não compreenderam a verdadeira natureza do *Nirvāna*.

A verdade é como já falei: cada alma purificada que se uniu ao *Logos* é capaz de estimular a energia do *Logos* numa determinada direção.

Não quero dizer que no caso de cada *Mahatma* exista necessariamente qualquer tendência a encarnar com o propósito de ensinar o *dharma* à humanidade: em casos especiais isso pode acontecer, porém em todos os casos existe uma influência da mais elevada eficácia espiritual que desce do *Logos* pelo bem da humanidade, seja como uma essência invisível ou na forma de outra encarnação humana, como no caso de Krishna, ou mais propriamente o *Logos*, com referência ao qual temos falado de Krishna. Pode ser que este *Logos*, que parece já ter encarnado neste planeta em várias nações pelo bem da humanidade, é aquele no qual a alma de um grande *Mahatma*, de um *kalpa* anterior, foi finalmente absorvida: que o impulso que lhe foi assim transmitido vem atuando, digamos assim, para fazê-lo encarnar e reencarnar, durante o presente *kalpa*, pelo bem da humanidade.

Neste sentido, devo lhes dizer francamente que além do mistério que indiquei existe outro mistério com relação a Krishna e todas as encarnações mencionadas neste livro, e que esse mistério vai até a própria raiz de toda a ciência oculta. No lugar de tentar dar uma explicação imperfeita, creio que é muito melhor perder de vista esta parte do assunto e passar a explicar os ensinamentos desse livro, como se Krishna não estivesse falando do ponto de vista de qualquer *Logos* em particular, mas a partir do *Logos* em abstrato.

No que diz respeito ao teor geral deste livro, seria adequado qualquer outro *Logos*, assim como o de Krishna, entretanto, existem umas poucas passagens dispersas, que, quando explicadas, veremos que possuem um significado especial que não possuem agora, com referência a este mistério. Será feita uma tentativa em *A Doutrina Secreta* para indicar a natureza deste mistério na medida do possível, mas não se deve imaginar que o véu desaparecerá completamente e que todo o mistério será revelado. Somente se darão indícios, com cuja ajuda vocês terão de examinar e compreender o tema. Este assunto é, no entanto, alheio ao tema que nos ocupa; de todo jeito, pensei que é melhor fazê-los conhecer para que não sejam enganados. Toda a filosofia deste livro é a Filosofia do *Logos*. Em geral, Cristo ou Buda poderiam ter utilizado as mesmas palavras de Krishna; e o que eu lhes disse acerca deste mistério só se refere a algumas passagens particulares que parecem tocar a natureza da individualidade divina de Krishna. Ele mesmo parece pensar que existe um mistério, como podem ver no nono verso. No décimo verso, *Mathbhavam* se refere à condição do *Logos*. Krishna diz que há vários *Mahatmas* que chegaram a ser *Eswaras* ou que uniram completamente suas almas com o *Logos*.

Passemos agora ao capítulo V, versos 14 e 15:

"O Senhor do mundo não causa nem cria o *Karma*, ou a condição pela qual as pessoas atribuem o *Karma* a si mesmas, tampouco faz com que as pessoas sintam o efeito de seu *Karma*. É a lei da causalidade natural que funciona. Ele não carrega sobre si o pecado ou o mérito de ninguém. O conhecimento real é sufocado pela ilusão e, portanto, os seres criados são induzidos a erro".

Aqui diz que *Eswara* não cria o *Karma*, nem cria nos indivíduos desejo algum de cumprir o *Karma*. Todo *Karma* ou impulso de cumprir o *Karma* emana de *Mūlaprakriti* e seus *vikarams* e não do *Logos* ou da luz que emana do *Logos*. Deve-se olhar para esta luz, ou *Fohat*, como uma espécie de energia eternamente benéfica em sua natureza, como se indica em *O Idílio do Lótus Branco*[14]. Em si mesmo, não é capaz de gerar alguma tendência que conduza a *bandham*; porém, *ahamkara* e o desejo de cumprir o *Karma* e todo o *Karma* com suas diversas consequências chegam a existir em virtude dos *upādhis*, que não são mais do que as manifestações dessa única *Mūlaprakriti*.

Falando estrita e logicamente, terão de atribuir esses resultados a estas duas forças. *Mūlaprakriti* não atuará e é incapaz de produzir qualquer resultado, a menos que seja energizada pela luz do *Logos*. Entretanto, a maioria dos resultados que se referem ao *Karma* e à contínua existência do homem como gerador responsável pelo *Karma* são atribuíveis a *Mūlaprakriti* e não à luz que lhe dá vida. Assim, podemos supor que esta *Mūlaprakriti* é o *bandhakaranam*

[14] COLLINS, Mabel. Editora Teosófica, Brasília, 2ª ed., 2018. (N.E.)

real ou principal, e esta luz é o único instrumento pelo qual podemos alcançar a união com o *Logos*, a fonte de salvação. Esta luz é a base do melhor aspecto da natureza humana e de todas as tendências de ação que geralmente conduzem à liberação dos laços de *avidyā*.

Passemos ao capítulo VII, versos 4 e 5:

"Minha *Prakriti* (*Mūlaprakriti*) se divide em oito partes: terra, água, fogo ar, éter, mente, intuição e egoísmo. Esta *Prakriti* se chama *Aparaprakriti*".

"Compreendam minha *Paraprakriti* (*Daiviprakriti*) como algo diferente disto. Esta *Daiviprakriti* é a vida una por meio da qual todo o Universo se apoia".

Krishna, no verso 5, distingue entre *Daiviprakriti* e *Prakriti*. Esta *Daiviprakriti* é, estritamente falando, o *Mahachaitanyam* de todo o Cosmos, a energia una ou a única força da qual surgem todas as manifestações de poder. Ele diz que vocês devem considerá-la como algo diferente da *Prakriti* dos samkyas.

Vamos agora ao capítulo VII, verso 7:

"Ó Dhananjaya, não existe nada superior a mim, e tudo isto pende de mim como uma fileira de gemas no fio que as atravessa".

Observem, por favor, que nos versos 4 e 5 Krishna se refere a todas as qualidades ou a todas as excelentes qualidades que se manifestam em todas as regiões da existência fenomênica, como surgindo dele mesmo.

Sem dúvida, as outras qualidades também, ou melhor, suas formas ideais, originalmente surgem dele, mas devem ser atribuídas principalmente a *Mūlaprakriti* e não a ele mesmo.

Agora vou me referir ao verso 24 e os seguintes do mesmo capítulo:

"O ignorante, que não conhece a minha melhor natureza suprema e indestrutível, me considera como uma manifestação de *Avyakta*".

"Velado por minha *Māyā Yoga*, não sou visível para todos. O mundo iludido não compreende que sou não nascido e imperecível".

"Conheço, ó Arjuna, todos os seres, passados, presentes e futuros, porém ninguém me conhece".

Nestes versos, Krishna se opõe a uma doutrina que infelizmente criou grande confusão. Já lhes disse que os samkyas tomaram seu *Avyakta*, ou melhor, o *Parabrahman* velado por *Mūlaprakriti*, como *Ātmā* ou o *self* real. Sua opinião era que este *Avyakta* assumiu um tipo de diferenciação fenomênica devido à união com *upādhi*, e quando esta diferenciação fenomênica teve lugar, o *Avyakta* se converteu no *Ātmā* do indivíduo. Deste modo perderam completamente de vista o *Logos*. A esta doutrina se seguiram consequências alarmantes. Pensaram que ao haver somente um *Avyakta*, uma alma ou um só espírito, que existia em cada *upādhi*, aparecendo diferenciado, embora não diferenciado na realidade, se de alguma maneira pudéssemos controlar a ação do e destruir a *Māyā* que ele havia criado, o resultado seria a completa extinção do *self* do homem e uma *māyā layam* final neste *Avyakta* ou *Parabrahman*. É esta doutrina que levou a se perder a Filosofia Advaita neste país, que levou o Budismo do Ceilão, Birmânia e China a seu estado deplorável atual, e que levou tantos escritores vedantinos a dizer que o *Nirvāna* era em realidade uma condição de *layam* perfeito ou aniquilação.

Se os que dizem que o *Nirvāna* é aniquilação estiverem certos, então, no que se refere à individualidade da alma, ela está completamente aniquilada e o que existe finalmente não é a alma nem o indivíduo, ainda que purificado ou exaltado, mas *Parabrahman*, que existiu todo o tempo e que *Parabrahman* em si mesmo é uma espécie de essência incognoscível que não tem ideia de Eu, nem mesmo uma existência individual, mas que é o poder uno, a base misteriosa una de todo o Cosmos. Ao interpretar o *Pranava*, os samkyas fizeram com que a *ardhamatra* realmente significasse este *Avyakta* e nada mais. Em alguns *Upanishads* esta *ardhamatra* é descrita como aquela que, ao aparecer diferenciada, é a alma do homem. Quando se destrói esta diferenciação, que se deve principalmente ao *upādhi*, há um *layam* de *Ātmā* em *Parabrahman*. Esta é também a opinião de um número considerável de pessoas na Índia que chamam a si mesmas de advaitas. Também é a opinião exposta como a correta visão da Vedanta. Sem dúvida, este foi o ponto de vista dos antigos filósofos samkyas e a opinião de todos os budistas que consideram que o *Nirvāna* é o *layam* da alma em *Parabrahman*.

Depois de alcançar *Kārana sharīra* existem dois caminhos, ambos conduzem a *Parabrahman*. *Kārana sharīra*, vocês devem saber, é um *upādhi*, é material, ou seja, deriva de *Mūlaprakriti*, mas também atua nele como sua luz e energia, a luz do *Logos* ou *Daiviprakriti* ou *Fohat*. Então, como eu disse, existem dois caminhos. Ao alcançar o *Kārana sharīra*, podem limitar a atenção de vocês ao *upādhi*, e ao seguir sua origem até *Mūlaprakriti*, chegar a *Parabrahman* no passo seguinte, ou podem perder de vista o *upādhi* em conjunto e fixar sua atenção unicamente na energia, luz ou vida, que funciona no interior dele. Continuando, podem tentar buscar sua origem, viajando ao longo do raio até chegar à sua fonte, que é o *Logos*, e, a partir da perspectiva do *Logos*, tentar alcançar *Parabrahman*.

Destas duas sendas, um número considerável de vedantinos modernos, todos os samkyas e budistas, exceto os que estão familiarizados com a doutrina oculta, escolheram aquela que conduz a *Mūlaprakriti*, esperando assim alcançar finalmente *Parabrahman*. Porém, na opinião desses filósofos, o *Logos* e sua luz perderam completamente de vista o *Ātmā*, que, na opinião deles, é o aspecto diferenciado deste *Avyakta* e nada mais.

Então, qual é o resultado? A aparência diferenciada cessa quando o *upādhi* deixa de existir e o que existia antes existe depois, e isso é o *Avyakta*, e além dele está *Parabrahman*. A individualidade do homem está completamente aniquilada. Além disso, em tal caso seria simplesmente absurdo falar de *Avatares*, porque então para eles seria impossível e estaria fora de todo alcance. Como é possível para os *Mahatmas* ou Adeptos ajudarem a humanidade de qualquer maneira possível, uma vez que alcançaram esta etapa? Os budistas cingaleses impulsionaram esta doutrina até sua conclusão lógica. Segundo eles, Buda se extinguiu e cada homem que segue sua doutrina finalmente perderá a individualidade de seu *Ātmā*; portanto, dizem que os tibetanos estão totalmente equivocados ao pensar que Buda eclipsou ou pode eclipsar qualquer mortal; desde o momento em que alcançou o *Paranirvāna*, a alma do homem que foi chamado Buda perdeu sua individualidade. Digo-lhe que Krishna protesta contra a doutrina que leva a tais consequências.

Ele diz (verso 24) que tal ponto de vista é errôneo e que aqueles que o sustentam não entendem sua verdadeira posição como o *Logos* ou *Verbum*. Além disso, nos diz a razão pela qual ele é perdido de vista. Ele diz que é assim porque ele sempre está velado por seu *Māyā Yoga*. Este *Māyā Yoga* é sua luz. Supõe-se que somente esta luz seja visível, o centro de onde irradia permanece sempre invisível.

Como se pode esperar, naturalmente, esta luz é vista sempre mesclada ou em conjunto com as Emanações de *Mūlaprakriti*. Daí que os samkyas a consideraram um aspecto ou uma emanação de *Mūlaprakriti*. *Avyakta* era, na opinião deles, a fonte, não só da matéria, mas também da força.

Entretanto, segundo Krishna, esta luz não deve ser rastreada em *Avyakta*, mas numa fonte totalmente diferente, cuja fonte é ele próprio. Porém, como esta fonte é totalmente *arūpa* e misteriosa e não pode ser detectada facilmente, estes filósofos supunham que não havia nada mais nessa luz e atrás dela, exceto seu *Avyakta*, seu fundamento. No entanto, essa luz é o véu do *Logos*, no sentido de que se supõe que a *Shekinah* dos cabalistas seja o véu de Adonai. Em verdade, é o Espírito Santo que parece formar a carne e o sangue do Cristo divino. Se o *Logos* se manifestasse a si mesmo, inclusive na mais alta percepção espiritual de um ser humano, somente seria capaz de fazê-lo coberto desta luz que forma seu corpo. Vejam o que Shankaracharya diz em seu *Soundaryalayhari*. Dirigindo-se à luz, diz: "Tu és o corpo de Sambhu". Esta luz é, por assim dizer, uma capa ou uma máscara com a qual o *Logos* se permite fazer sua aparição.

O verdadeiro centro da luz não é visível, inclusive para a mais alta percepção espiritual do homem. É esta verdade que é expressada brevemente neste pequeno e inestimável livro *Luz no Caminho*[15], quando diz (Regra 12): “Está fora de teu alcance, porque quando chegares a ela já não encontrarás a ti mesmo. É inacessível, porque sempre retrocede. Entrarás no seio da luz, mas não tocarás nunca a chama”.

Deverão ter em mente a diferença que Krishna faz entre a infeliz doutrina dos samkyas e outros e a verdadeira teoria que ele está tratando de comunicar, porque conduz a importantes consequências. Inclusive agora posso dizer que noventa por cento dos escritores de Vedanta sustentam a opinião que Krishna tenta combater.

Passemos agora ao capítulo VIII e examinemos o significado dos versículos 5 ao 16.

Nestas passagens, Krishna estabelece as premissas que são de grande importância para a humanidade. Em primeiro lugar, diz que a alma pode alcançá-lo e ser finalmente assimilada por ele mesmo. Logo diz que, uma vez que se chega lá não há mais *Punarjanmam* ou renascimento para o homem que conseguiu chegar a ele.

Contra essa premissa, às vezes têm sido colocadas algumas objeções. É dito que se a alma alcança o *Logos* e se conserva a individualidade espiritual do *Logos*, e mais ainda, se o *Logos* tem que eclipsar os mortais de vez em quando ou ter alguma relação com um ser humano que vive na Terra, então a afirmação de que um homem que alcança o *Logos* não terá *Punarjanmam* é falsa. Porém, esta objeção surge de um mal-entendido quanto à natureza desta união com o *Logos*. Pelo que sabemos, a julgar por nossa experiência ordinária, esta individualidade, este sentido de Ego

[15] COLLINS, Mabel. Editora Teosófica, 2ª ed., Brasília, 2011. (N. E.)

que temos na atualidade é uma espécie de entidade fugaz que muda de quando em quando. Dia após dia as diferentes experiências do homem são armazenadas e unidas de uma maneira misteriosa numa só individualidade. Naturalmente, a cada homem lhe parece ter uma individualidade definida no transcurso de uma encarnação particular, entretanto a individualidade de seu *Kārana sharīra* se compõe de várias individualidades como estas.

Não devemos imaginar que todas as experiências que estão conectadas com as diferentes encarnações e que vão constituir suas respectivas personalidades se encontram em uma espécie de justaposição mecânica no *Kārana sharīra*. Não é assim. A Natureza tem uma espécie de mecanismo mediante o qual é capaz de reduzir todos estes conjuntos de experiências num só Ser. Grande como é esta individualidade superior da Mônada humana, existe uma individualidade sobre e acima dela, muito maior. O *Logos* tem uma individualidade própria. Quando a alma se eleva até o *Logos*, tudo o que este último leva da alma é aquela porção da individualidade da alma que é superior e suficientemente espiritual para viver na individualidade do *Logos*; assim como o *Kārana sharīra* faz uma escolha entre as diversas experiências de um homem e só assimila tais porções como pertencentes à sua própria natureza, o *Logos*, quando se une com a alma do homem, só toma dela o que não repugna sua natureza.

Mas agora vejamos que mudanças são produzidas na consciência do próprio ser humano. No momento em que esta união é levada a cabo, o indivíduo imediatamente sente que ele mesmo é o *Logos*, a Mônada formada a partir da luz que atravessou todas as experiências que foram acrescentadas à sua individualidade. De fato, sua própria individualidade se perde e ele é dotado da individualidade original do *Logos*. Da perspectiva do *Logos*, o processo se apresenta assim. O *Logos* lança uma espécie de sondagem, por assim dizer, de sua própria luz em diversos organismos. Esta luz vibra ao longo de uma série de encarnações e sempre que produz tendências espirituais que resultam numa experiência que é capaz de ser acrescentada à individualidade do *Logos*, o *Logos* assimila essa experiência. Então, a individualidade do homem se converte na individualidade do *Logos*; o ser humano unido ao *Logos* pensa que esta é uma das inumeráveis individualidades espirituais que ele assimilou e uniu em si mesmo, esse Eu composto pelas experiências que o *Logos* acumulou, talvez desde o princípio dos tempos. Esse indivíduo, portanto, nunca voltará a nascer na Terra. Naturalmente, se o *Logos* sente que nasce, cada vez que um novo indivíduo faz sua aparição com sua luz nele, então do indivíduo que se assimilou ao *Logos* pode, sem dúvida, se dizer que tem *Punarjanmam*. No entanto, o *Logos* não sofre porque sua luz nunca está contaminada pelos *Vikarams* de *Prakriti*. Krishna assinala que ele é simplesmente *Upadrishtha*, uma testemunha, não está de forma alguma pessoalmente interessado no resultado, exceto quando se gera uma certa quantidade de espiritualidade e o *Mahatma* está suficientemente purificado para assimilar sua alma com o *Logos*. Até esse momento diz "não tenho interesse pessoal, porque simplesmente observo como testemunha desinteressada. Porque minha luz aparece em diferentes organismos, portanto não sofro as dores e as penas que um homem pode ter de suportar. Minha natureza espiritual de nenhum modo está contaminada pelo aparecimento de minha luz em diversos organismos". De outro modo, seria como dizer que o sol se contaminou ou se tornou impuro porque sua luz brilha em lugares impuros. Da mesma maneira não é correto afirmar que o *Logos* sofre. Portanto, não é o verdadeiro Ser aquele que sofre prazer ou dor, e quando um homem assimila sua alma com o *Logos* já não sofre nem as dores nem os prazeres da vida humana.

Mais uma vez, quando falo da luz do *Logos* que impregna este Cosmos e vibra em diferentes encarnações, não significa necessariamente que um ser que foi ao *Logos* encarne novamente. Ele tem uma individualidade espiritual própria bem definida, e embora o *Logos* seja *Eswara* e sua luz seja a *Chaitanyam* do Universo, e ainda que o *Logos* de vez em quando assimile com sua própria natureza espiritual as almas purificadas de vários *Mahatmas* e também eclipse certos indivíduos, mesmo assim o *Logos* nunca sofre e não tem nada parecido a *Punarjanmam*, no sentido próprio da palavra; e um homem que é absorvido nele converte-se em um ser imortal, espiritual, um *Eswara* real no Cosmos, que nunca volta a nascer e nunca volta a ser objeto das dores e dos prazeres da vida humana.

É somente neste sentido que vocês têm que entender a imortalidade. Se, infelizmente, a imortalidade for entendida no sentido explicado pelos escritores vedantinos modernos e pelos budistas cingaleses, não parece ser um objetivo muito agradável para as aspirações do homem. Se fosse certo conforme ensinam, que a individualidade do homem, em lugar de ser enobrecida, preservada e desenvolvida como um poder espiritual, é destruída e aniquilada, então a palavra imortalidade se converte num termo sem sentido.

Creio que tenho a total autoridade de Krishna para dizer que esta teoria é correta, e esta creio que seja, ainda que nem todos estejam de acordo comigo neste ponto, uma afirmação correta da doutrina de Shankaracharya e de Buda.

Passemos agora ao capítulo IX, verso 11:

"Os iludidos, sem conhecerem minha natureza suprema, me depreciam, o Senhor (*Eswara*) de todos os seres, quando habitam um corpo humano".

Aqui Krishna chama a si mesmo de o verdadeiro *Eswara*. Mais uma vez, no verso 13:

"Os *Mahatmas* devotados a *Daiviprakriti* e conhecendo-me como a causa imperecível de todos os seres, me adoram com suas mentes concentradas em mim".

Aqui se refere a *Daiviprakriti*; entre este e *Mūlaprakriti* ele estabelece uma clara distinção. Para alguns, entretanto, esta *Daiviprakriti* é vista como algo a ser rechaçado, uma força que deve ser controlada. Por outro lado, é uma energia benéfica, e o homem pode alcançar seu centro e sua fonte aproveitando-se dela.

Vejamos o verso 18 do mesmo capítulo:

"Eu sou o refúgio, o protetor, o Senhor, a testemunha, a morada, o amigo, a origem, a destruição, o lar, o receptáculo, a semente imperecível".

Todos esses epítetos, aplicados por Krishna a si mesmo, mostram que ele está falando de si mesmo da mesma maneira que Cristo falou de si mesmo, ou como todo grande Mestre, que se supõe representar o *Logos*, falou de si mesmo em algum momento neste planeta.

Outra passagem muito significativa é o verso 22 do mesmo capítulo;

"Interesso-me pelo bem-estar daqueles homens que me adoram e só pensam em mim, com sua atenção sempre fixa em mim".

Eu lhes disse que na generalidade dos casos, Krishna ou o *Logos* seria simplesmente uma testemunha desinteressada, que observa a trajetória da Mônada humana, sem preocupar-se com seus interesses. Porém, nos casos em que há um progresso espiritual real, prepara-se o caminho para uma união final com o *Logos*. Inicia-se desta maneira: o *Logos* começa a ter um interesse maior no bem-estar do indivíduo e se converte em sua luz e seu guia, vela por ele e o protege. Esta é a forma em que começa a aproximação do *Logos* com a alma humana. Este interesse aumenta cada vez mais, até que, quando o homem alcança o desenvolvimento espiritual mais elevado, o *Logos* entra nele e então, em vez de encontrar dentro dele mesmo meramente o reflexo do *Logos*, encontra-se o próprio *Logos*. Em seguida, a união final é levada a cabo, depois da qual não há mais encarnação para o homem. É apenas nesse caso que o *Logos* se converte em algo mais que um espectador desinteressado.

Aqui devo chamar sua atenção sobre o verso 29 e os seguintes, até o final deste capítulo:

"Sou o mesmo para todos os seres: não tenho nem amigo nem inimigo: aqueles que me adoram com devoção estão em mim, e eu neles".

"Se aquele cuja conduta é ímpia adora somente a mim, mesmo ele deve ser considerado um bom homem, porque trabalha na direção correta".

"Oh filho de Kunti, ele logo se converte em uma pessoa virtuosa e obtém a paz eterna; tenha a certeza de que meu adorador não perece".

"Aqueles que nasceram em pecado e são devotados a mim, sejam mulheres, ou *vaishyas* ou *shudras*, alcançam minha morada suprema".

"Quantos santos brâmanes e devotos *rajarshis*, que chegaram a este mundo transitório e miserável, me adoram!"

"Fixem sua mente em mim, honrem-me, inclinem-se diante de mim: os que dependem de mim e são devotados a mim, chegam a mim".

Aqui Krishna mostra, pelas duas premissas estabelecidas por ele, que está falando de um ponto de vista totalmente cosmopolita. Ele diz: "Ninguém é meu amigo, ninguém é meu inimigo". Ele já apontou a melhor maneira de ganhar sua amizade. Não assume que qualquer homem em particular é seu inimigo ou seu amigo. Sabemos que, mesmo no caso de *rakshasas*, Prahlada se converteu no maior dos *bhagavathas*. Krishna é completamente imparcial no trato com a humanidade e em sua ajuda espiritual. Ele diz que em nada lhe importa o tipo de *asramam* que um homem pode ter, que classe de ritual ou fórmula de fé professa; e diz além disso que não faz nenhuma diferença entre os *shudras* e os brâmanes, entre homens e mulheres, entre as classes superiores e inferiores. Sua ajuda alcança a todos: não existe mais que uma forma de chegar a ele; e essa forma pode ser utilizada por qualquer um. A este respeito se estabelece uma distinção entre as doutrinas dos *Karma* Iogues e seu próprio ensinamento.

Algumas pessoas dizem que somente certas classes privilegiadas têm direito de alcançar o *Nirvāna*. Ele diz que não é assim. E mais, ele deve tomar precauções para rechaçar as implicações da doutrina de certos *Madhwas*, que dizem que todas as almas podem ser separadas em três divisões. Estes dizem que existe certa classe de pessoas chamadas *Nityanarakikas*, que estão destinadas, não importa o que façam, a descer à perdição sem fundo; outra classe de pessoas chamadas *Nityasamsarikas*, que nunca podem deixar o plano terreno; e uma terceira classe, os *Nityamuktas*, que não importa as coisas más que façam, devem ser admitidos em *Vaikuntham*. Esta doutrina não é aprovada por Krishna. Sua doutrina contém, além disso, um protesto contra o modo como certos escritores deturparam a importância do *Avatar* Buda. Sem dúvida, alguns de nossos escritores brâmanes admitem que Buda foi um *Avatar* de *Vishnu*; porém dizem que foi um *Avatar* comprometido com fins maliciosos. Ele veio aqui para ensinar as pessoas todo tipo de doutrinas absurdas, com o objetivo de lograr sua condenação. Estas pessoas tinham que ser castigadas, e ele pensou que a melhor maneira de levar a cabo seu castigo era torná-los loucos, predicando doutrinas falsas. Este ponto de vista, me envergonha dizer, está solenemente exposto em alguns de nossos livros. Quão diferente é isto do que ensina Krishna. Ele diz: "À minha vista todos os homens são iguais e se aponto alguma diferença é apenas quando um homem alcança um estado de perfeição espiritual muito elevado e me considera seu guia e protetor. Então, e só então, deixo de ser uma testemunha desinteressada e trato de interessar-me em seus assuntos. Em qualquer outro caso sou simplesmente uma testemunha desinteressada". Ele não leva em conta o fato de que este homem seja um brâmane e o outro um budista ou um parse, mas diz que a seus olhos toda a humanidade se encontra no mesmo nível, que o que distingue uns dos outros é a luz e a vida espiritual.

Passemos agora ao terceiro verso do capítulo seguinte (capítulo X):

"Quem é suficientemente sensato entre os homens me conhece, o Senhor não nascido do mundo, que não tem princípio, é livre de todo pecado".

Aqui ele chama a si mesmo o não nascido que não teve princípio, ele é o *Eswara* do Cosmos. Não se deve supor que o *Logos* pereça ou mesmo se destrua no momento do *pralaya* cósmico. Naturalmente, é discutível se existe tal coisa como *pralaya* cósmico. Podemos muito bem conceber um *pralaya* solar como provável, também podemos conceber que possa existir um momento em que a atividade cessa em todo o Cosmos, porém há certa dificuldade em argumentar por analogia de um sistema definido e limitado a um indefinido e infinito. Em todo caso, entre os ocultistas existe a crença de que haverá tal *pralaya* cósmico, embora possa ocorrer por um número de anos impossível para sequer imaginarmos. Porém, apesar da possibilidade de um *pralaya* cósmico, o *Logos* não perecerá, nem mesmo quando isto ocorrer; senão, ao retomar-se a atividade cósmica, o *Logos* teria de nascer de novo, já que o presente *Logos* começou a existir no momento em que a presente evolução cósmica se iniciou. Em tal caso, Krishna não pode chamar a si mesmo *aja* (não nascido); ele só pode dizer isto de si mesmo se o *Logos* não perece no momento do *pralaya* cósmico, porém dorme no seio de *Parabrahman,* e inicia o despertar quando o dia seguinte da atividade cósmica começa.

Como já expliquei, ao falar deste *Logos*, muito possivelmente, é o *Logos* que apareceu na forma do primeiro *Dhyan Chohan* ou Espírito Planetário, quando a evolução do homem foi retomada após o último período de inatividade neste planeta, como afirmado no livro do Sr. Sinnett, *Esoteric Buddhism*; e depois de colocar a corrente evolutiva em movimento, retirou-se ao plano espiritual em harmonia com sua própria natureza, velando desde então pelos interesses da humanidade, aparecendo de vez em quando, conectado a uma individualidade humana pelo bem dos seres humanos. Ou vocês podem observar o *Logos* representado por Krishna como alguém que pertence à mesma *classe* que o *Logos* que apareceu desse modo. Ao falar de si mesmo, Krishna diz (capítulo X, verso 6):

"Os sete grandes *Rishis*, os quatro *Manus* anteriores, participando de minha natureza, nasceram de minha mente, deles surgiram (nasceram) a raça humana e o mundo".

Fala dos *Sapta Rishis* e dos *Manus* como seus *mānasaputras* ou filhos nascidos da mente, que o seriam se ele fosse o chamado *Prajāpati*, que apareceu neste planeta e começou o trabalho de evolução.

Em todos os *Purānas* é dito que os *Maharishis* são os filhos nascidos da mente de *Prajāpati* ou *Brahmā*, que foi o primeiro ser manifestado neste planeta e que foi chamado *Swayambhuva*, já que não teve nem pai nem mãe; ele começou a criação do homem mediante a formação destes *Maharishis* e estes *Manus*, ou trazendo-os à existência, por seu próprio poder intelectual. Depois de cumprir com isso, *Prajāpati* desapareceu da cena; como afirmado no *Manu-Smrti*, *Swayambhuva* assim desapareceu depois de começar o trabalho da evolução. Entretanto, ele ainda não se desconectou do grupo da humanidade que começou a evoluir neste planeta, mas ainda segue como o *Logos* que eclipsa ou o *Eswara* manifestado, que se interessa pelos assuntos deste planeta e se encontra em posição de encarnar como um *Avatar* pelo bem de sua população.

Há uma particularidade nesta passagem para a qual devo chamar sua atenção. Ele fala aqui de quatro *Manus*. Por que fala de quatro? Agora estamos no sétimo *Manvantara* – o de Vaivaswata. Se ele está falando dos *Manus* anteriores, deve falar de seis, porém só menciona quatro. Em alguns comentários foi feita uma tentativa de interpretar isso de uma maneira peculiar.

A palavra *Chatwaraha* se separa da palavra *Manavaha* e assim se faz para referir-se a Sanaka, Sanandana, Sanatkumara e Sanatsujata, que também estavam incluídos entre os filhos nascidos da mente de *Prajāpati*.

Entretanto, esta interpretação conduzirá a uma conclusão mais absurda e fará com que a frase contradiga a si mesma. As pessoas aludidas no texto têm uma cláusula de qualificação na frase. É bem sabido que Sanaka e os outros três se negaram a criar, embora os outros filhos tivessem dado seu consentimento para fazê-lo; portanto, ao falar daquelas pessoas das quais a humanidade veio à existência, seria absurdo incluir também esses quatro na lista. A passagem deve ser interpretada sem dividir o composto nos dois nomes. O número de *Manus* será então quatro e a afirmação estaria em contradição com a explicação dos *Purānas*, embora estivesse em harmonia com a teoria oculta.

Vocês recordarão que o Sr. Sinnett afirmou estarmos agora na Quinta Raça. Cada raça é considerada o *santathi* de um *Manu* particular. A quarta raça passou, ou, em outras palavras, houve quatro *Manus* anteriores. Há outro ponto a se levar em conta com relação a este tema. Afirma-se em *Manusmrti* que o primeiro *Manu* (*Swayambhuva*) criou sete *Manus*. Este parece ser o número total de *Manus* de acordo com esta *Smriti*. Não se alega que houve, ou que haveria outra série de *Manus* criados, ou que serão criados em algum outro momento.

Porém a versão dos *Purānas* faz o número de *Manus* ser catorze. Este é um tema que, em minha opinião, requer muita atenção da parte de vocês; é sem dúvida muito interessante e exige tanto de vocês, como de todo o tempo que tenham para tentar averiguar como surgiu esta confusão. Os analistas tentam obter catorze *Manus*. Naturalmente, um *pandit* engenhoso pode obter o que quiser de qualquer coisa, mas se entrarmos no assunto em profundidade, é bem possível que sejamos capazes de averiguar como surgiu todo o erro e se há algum erro ou não. Qualquer comentário adicional sobre o tema é desnecessário neste momento.

Outra função interessante do *Logos* é indicada no mesmo capítulo X, verso 11:

"Eu, que habito neles, por minha compaixão por eles, destruo a obscuridade nascida da ignorância, através da luz brilhante da Sabedoria espiritual".

Aqui se diz que ele é não somente um instrumento de salvação, mas também a fonte da sabedoria. Como já falei, a luz que emana dele tem três fases, ou três aspectos. A primeira é a vida, ou o *Mahachaitanyam* do Cosmos, é um aspecto dele; em segundo lugar, é a força e neste aspecto é o *Fohat* da filosofia budista; por último, é a sabedoria, no sentido de que é o *Chichakti* dos filósofos hindus. Estes três aspectos estão combinados, como vocês podem ver facilmente em nossa concepção do *Gayatri*. Afirma-se que é *Chichakti* através de Vasishta, e seu significado justifica a afirmação. É representado mais como a luz e no *sankalpam* que precede o *japam* é evocado como a vida de todo o Cosmos. Se vocês lerem cuidadosamente *O Ídilio do Lótus Branco*, talvez obtenham algumas ideias adicionais sobre as funções desta luz e a ajuda que ela é capaz de dar à humanidade.

Agora lhes peço que coloquem sua atenção sobre todos aqueles versos no capítulo X que fazem referência à assim chamada *vibhūti* ou excelência.

Ele diz "*Aham Ātmā*" (eu sou o Ser) porque cada Ser não é mais que uma manifestação de si mesmo ou um reflexo do *Logos*, como já foi observado. É nesse sentido que ele é o *Aham (eu)* manifestado em todas as partes em cada *upādhi*. Quando diz isto, está falando do ponto de vista do *Logos* em abstrato e não de qualquer *Logos* em particular. A descrição deste *vibhūti* transmite à nossa mente uma lição importante. Tudo o que é bom e grande, sublime e nobre neste Universo fenomênico, inclusive nos outros *lokas*, procede do *Logos* e é, de um modo ou de outro, a manifestação de sua sabedoria, poder e *vibhūti*; e tudo o que tende à degradação espiritual e à vida física objetiva emana de *Prakriti*. De fato, há duas forças opostas no Cosmos. Uma é esta *Prakriti* cuja genealogia já seguimos. A outra é *Daiviprakriti*, a luz que desce, reflexo após reflexo, ao plano dos organismos inferiores.

Em todas essas religiões nas quais se fala da luta entre os impulsos bons e maus deste Cosmos, a referência real é sempre a esta luz, que está constantemente tentando elevar os homens desde o nível mais baixo até o plano mais alto da vida espiritual; e dessa outra força, que tem seu lugar em *Prakriti* e está constantemente conduzindo o espírito para a existência material. Esta concepção parece ser a base de todas essas guerras no céu e de toda luta entre os princípios bons e maus no Cosmos, que encontramos em tantos sistemas religiosos de filosofia. Krishna assinala que tudo o que se considera grande, bom ou nobre deve se considerar como tendo nele sua energia, sabedoria e luz. Isto é correto, já que o *Logos* é a única fonte de energia, sabedoria e iluminação espiritual. Quando vocês se derem conta do importante papel que desempenha esta energia que emana do *Logos* na evolução de todo o Cosmos e examinarem seus poderes com referência à iluminação espiritual que é capaz de gerar, verão que esta descrição de seu *vibhūti* não é, de modo algum, uma explicação exagerada da importância de Krishna no Cosmos.

Sigamos com o capítulo XI:

As inferências que quero realizar neste capítulo são as seguintes. Em primeiro lugar, que o *Logos* reflete todo o Cosmos em si mesmo ou, em outras palavras, que todo o Cosmos existe no *Logos* como seu germe. Conforme já falei, o mundo é a palavra manifestada e o *Logos* é, na fraseologia mística de nossos escritores antigos, a forma *Pasyantī* desta palavra. Este é o germe no qual existe eternamente todo o plano do Sistema Solar. A imagem existente no *Logos* se expande e amplifica quando se comunica com sua luz, e se manifesta na matéria quando a luz atua sobre

Mūlaprakriti. Nenhum impulso, nem energia, nem forma no Cosmos, jamais pode chegar a existir sem ter sua concepção original no campo de *Chit*, que constitui a mente demiúrgica do *Logos*.

O *Logos*, sua luz e *Mūlaprakriti*, constituem o verdadeiro *Tatwatrayam* do Visishtadwaitis, *Mūlaprakriti* sendo seu *Achit*, esta luz do *Logos* seu *Chit*, e o *Logos* seu *Eswara*.

Nesse ponto gostaria de chamar-lhes a atenção para o primeiro *Anhika* do *Mahabhashya*, onde Patañjali fala das três formas manifestadas: *Pasyantī*, *Madhyamā* e *Vaikharī Vāch*. O modo como as classifica é diferente.

Na opinião dele, *Pasyantī Vāch*, que corresponde ao *Logos*, é *Chit*; *Vaikharī Vāch*, um símbolo do Cosmos manifestado, é *Achit*; e *Madhyamā Vāch*, representando a luz do *Logos*, é *Chidachit*. Vocês sabem que a palavra *Chit* pode significar *Chaitanyam* ou vida; também pode significar consciência. O *Logos* é simplesmente *Chidrupam*, não tem forma material em absoluto; todo o Cosmos manifestado se chama *achidrupam*, ou seja, existe em realidade. Existe na ideia, embora exista apenas subjetivamente no *Logos*; *Fohat*, ao ser o enlace entre os dois, não é nem um nem outro, não é nem *Chit* nem *Achit*. Portanto, se chama *Chidachit*. Assim, quando Patañjali fala de *Madhyamā Vāch* como *Chidachit*, refere-se a ele como um vínculo entre a forma mental (no *Logos*) e a forma manifestada (na matéria). O Universo existe como ideia no *Logos*, existe como uma impressão misteriosa na região da força, e finalmente é transformado no Cosmos manifestado objetivamente, quando esta força transfere sua própria imagem ou impulso para a matéria cósmica. Daí que este *Logos* se chama *Visva-*

rupi, um termo constantemente aplicado a *Vishnu*, mas só neste sentido.

Existe outra maneira de olhar estas entidades com as quais vocês devem se familiarizar. Todo o Cosmos – com isso quero dizer todos os inumeráveis Sistemas Solares – podem ser chamados de o corpo físico do *Parabrahman* uno; toda esta luz ou força pode denominar-se como seu *sūkshma sharīra*; o *Logos* abstrato será então o *Kārana sharīra*, enquanto que o *Ātmā* será o próprio *Parabrahman*.

Porém, esta classificação não deve ser confundida com aquela outra que se refere às subdivisões de uma só destas entidades, o Sistema Solar manifestado, o mais objetivo destas entidades, ao qual me refiro como o *Sthūla sharīra* de *Parabrahman*. Esta entidade é em si mesma divisível em quatro planos de existência, que correspondem aos quatro *matrās* geralmente descritos no *Pranava*. Novamente, esta luz que é o *Sūkshma sharīra* de *Parabrahman* não deve ser confundida com a luz astral. A luz astral é simplesmente a forma *Sūkshma* de *Vaisvānara*; entretanto, no que se refere a esta luz, todos os planos manifestados no Sistema Solar são objetivos para ela, motivo pelo qual não pode ser a luz astral. Parece-me necessário assinalar esta distinção, já que as duas foram confundidas em alguns escritos. O que eu disse explica, em certa medida, porque se considera que o *Logos* possui *Visvarupam*.

Ademais, se o *Logos* não é mais que um *Chidrupam*, como é que Arjuna, com sua inteligência espiritual, vê uma imagem objetiva ou uma forma diante dele, a qual, embora esplêndida e magnífica, é, em rigor, uma imagem externa do *Logos*? O que ele vê não é o próprio *Logos*, mas a forma

Visvarupa do *Logos* manifestada em sua luz, *Daiviprakriti*. É somente quando assim se manifesta, que o *Logos* pode chegar a ser visível, mesmo para a mais alta inteligência espiritual do homem.

Há ainda outra inferência que pode ser extraída deste capítulo. Verdadeiramente a forma mostrada a Arjuna era temível de olhar, e todas as coisas terríveis que iam se passar na guerra lhe apareceriam representadas nela. Sendo o *Logos* o Universo em ideia, os eventos vindouros (ou prestes a se manifestar no plano objetivo) são geralmente manifestados, é possível, muito tempo antes de ocorrerem, no plano do *Logos*, do qual todos os impulsos surgem em princípio. Bhishma, Drona e Karna continuavam vivendo no momento em que Krishna mostrou esta forma. Mas, contudo, suas mortes e a destruição de quase todo seu exército pareciam estar anunciadas neste aparecimento do *Logos*. Sua forma terrível não era mais que uma indicação das terríveis coisas que iam acontecer. Em si mesmo, o *Logos* não tem forma; vestido com sua luz, assume uma forma, que é, por assim dizer, um símbolo dos impulsos que estão operando ou a ponto de operar no Cosmos no momento da manifestação.

Quarta Conferência

O tema destas conferências é muito vasto e complicado. Esforcei-me por resumir a substância de minhas conferências dentro dos limites requeridos, esperando desenvolvê-la em sua totalidade em três dias, porém meus cálculos falharam e não terminei nem sequer a introdução. Estas conferências devem permanecer necessariamente incompletas e tudo que pude fazer delas é lhes apresentar umas poucas sugestões sobre as quais devem meditar.

Uma boa parte dependerá de seus próprios esforços. O tema é muito difícil, ramifica-se em diversas áreas da ciência, e as verdades aqui propostas não serão captadas facilmente, e posso nem mesmo ter tido êxito em transmitir o significado exato de minha explanação para as suas mentes. Ademais, como não apresentei os raciocínios por detrás de cada uma de minhas proposições e não citei especialistas para fundamentar as minhas afirmações, algumas delas podem lhes parecer estranhas.

Receio que antes de poderem compreender as minhas ideias reais, tenham que estudar todos os comentários existentes da *Bhagavad-Gitā*, assim como a própria obra original, de acordo com suas próprias reflexões e ver, além disso, a que conclusões conduzem gradualmente as especulações dos cientistas e filósofos ocidentais. Então, terão que julgar por si mesmos se a hipótese que tentei lhes apresentar é razoável ou não.

Em minha última conferência me detive no décimo primeiro capítulo do livro.

Nessa conferência, assinalei as diversas passagens relacionadas ao *Logos*, que, pensei, apoiariam e justificariam as afirmações apresentadas em minha conferência preliminar sobre sua natureza e sua relação com a humanidade. Agora passarei a assinalar as passagens para as quais é desejável chamar sua atenção nos capítulos seguintes.

No capítulo XII, ao qual terei de me referir em outro momento, tenho de pedir sua atenção para as passagens iniciais. Nelas Krishna assinala a diferença entre meditar e concentrar nossa atenção no *Avyakta* dos samkyas e fixar a mente e confiar no *Logos*.

Já demonstrei em quais aspectos importantes a Filosofia Samkya diferia do sistema Védico de Krishna. Krishna afirmou, em vários lugares, a distinção entre o *Avyakta* dela e o seu *Parabrahman*; de maneira alguma, dever-se-ia considerá-lo uma manifestação desse *Avyakta*, e agora diz a Arjuna neste capítulo que aqueles que tratam de seguir a Filosofia Samkya e se esforçam por alcançar esse *Avyakta* por seus próprios métodos, colocam-se numa posição muito mais difícil do que aqueles cujo objetivo é buscar e encontrar o *Logos*.

Assim deve ser naturalmente e por este motivo. Este *Avyakta* não é mais que *Mūlaprakriti*. Os samkyas pensavam em seu *Avyakta* como a base de *Prakriti* diferenciada com todas as suas *gunas*; esta *Prakriti* diferenciada é representada pelos três princípios em que dividi o Sistema Solar. No caso de seguirem a Doutrina Samkya, vocês têm de elevar-se de *upādhi* a *upādhi* numa sucessão gradual, e ao tentarem elevar-se do último *upādhi* até o *Avyakta da* Samkya, infelizmente não existe conexão que permita à sua consciência fazer a ponte no intervalo.

Se o sistema de Filosofia Samkya é o verdadeiro, o objetivo de vocês será o de seguir o *upādhi* até sua fonte, mas não a consciência até sua fonte. A consciência manifestada em todos os *upādhis* pode ser seguida até o *Logos* e não até o *Avyakta* dos samkyas. É muito mais fácil para um homem seguir sua própria consciência cada vez mais nas profundidades de sua natureza mais íntima e finalmente chegar até sua fonte, o *Logos*, do que tentar seguir o *upādhi* até sua fonte nesta *Mūlaprakriti, neste Avyakta*. Ademais, supondo que tenham êxito em alcançar este *Avyakta,* nunca poderão fixar seus pensamentos nele ou preservar sua individualidade nele; pois é incapaz de reter qualquer um desses de forma permanente. Pode ser que alcançá-lo signifique tomar conhecimento objetivo dele; porém, mesmo isso não pode ser feito do ponto de vista de *Kārana sharīra*. É preciso elevar-se para um nível ainda mais alto, antes de poder contemplar *Mūlaprakriti* como um objeto. Portanto, considerando *Avyakta* como objeto de percepção, não podem chegar a ele até que alcancem o *Logos*. Não podem transferir a individualidade de vocês para ele, pela simples razão de que esta individualidade deriva sua origem de uma parte completamente diferente da *Mūlaprakriti* ou do *Avyakta* dos samkyas e porque esse *Avyakta*, em si mesmo, não tem individualidade e não gera por si mesmo nada semelhante a uma individualidade, é impossível que o sentido de ego de alguém possa se transferir e se conservar de forma permanente nele.

Então, em que terminam os esforços de todos aqueles que tentam seguir a Doutrina Samkya? Krishna diz que depois de chegar ao plano de *Kārana sharīra,* "eles verão a ele", sendo impossível, na realidade, alcançar este *Avyakta* pelas razões apontadas anteriormente. Então, quando Arjuna pergunta se o *Avyakta* ou o *Logos* é a meta, Krishna diz que este último deve ser considerado como o derradeiro destino, porque aqueles que tentam seguir a linha indicada pelos samkyas têm de lidar com tremendas dificuldades. Se algo é de fato obtido ao seguir esta última suposição, esse é o fim também aser alcançado ao seguir a senda de Krishna, tornando-o objeto de meditação e considerando-o a meta final.

Leiam a esse respeito o capítulo XII, versos 3, 4 e 5:

"Somente os que são amáveis e generosos para com todas as criaturas, e, com uma mente bem equilibrada e os sentidos sob controle, meditam sobre o imperecível e o indefinível *Avyakta*, que é onipresente, impensável, indiferenciado e imutável, chegam a mim. Porém, a dificuldade daqueles que fixam suas mentes em *Avyakta* é grande. O caminho para *Avyakta* é percorrido com grandes dificuldades por almas encarnadas.

Esta descrição refere-se ao *Avyakta* dos samkyas.

No capítulo XIII, encontramos o seguinte nos primeiros quatro versos:

"Oh, filho de Kunti, este corpo se chama *Kshetra* (*upādhi* ou veículo). Aquele que sabe isto (*Kshetra*), o sábio o chama *Kshetrajña* (o Ser *ou* Ego real)".

"Saibam também que eu sou o *Kshetrajña* em todos os *Kshetras;* considero o conhecimento de *Kshetram* e *Kshetrajña* o conhecimento real".

"Escutem-me. Dir-lhes-ei brevemente o que é o *Kshetram,* quais são seus atributos, que qualidades gera, a fonte e razão de sua existência; e, além disso, quem é *Kshetrajña* e que poderes possui. Os *Rishis* os descreveram de várias maneiras. Diferentes explicações sobre eles se encontram em diferentes *Vedas* e também se referem a eles os *Brahmasūtras*, que são lógicos e definitivos".

Aqui, fala de *Kshetram* e *Kshetrajña*. *Kshetram* não significa nada mais que o *upādhi* ou veículo e *Kshetrajña* é o Ego em todas as suas formas e manifestações. *Kshetram* brota deste *Avyakta* ou *Mūlaprakriti*. Porém ele diz que ele próprio é *Kshetrajña* no sentido em que todo Ego manifestado não é mais que um reflexo do *Logos*, enquanto que ele mesmo é a forma real do Ego, o único Ser verdadeiro no Cosmos. Ele tem o cuidado, entretanto, de assinalar em vários lugares que apesar de ser *Kshetrajña*, não está sujeito ao *Karmabandham*; ele não cria *Karma*, simplesmente porque o *self* manifestado no *upādhi* não é seu próprio e verdadeiro Eu, mas um mero reflexo, que tem uma existência individual fenomênica momentânea, mas que finalmente se dissolve em si mesmo.

O versículo 4 (veja mais acima) refere-se aos *Brahmasūtras* para falar dos detalhes dos três *upādhis* no homem, sua relação mútua e os distintos poderes manifestados por este Ego. Portanto, é nesse livro, os *Brahmasūtras*, que temos de buscar um exame detalhado deste tema.

Vamos agora ao verso 22:

"O Supremo *Purusha* se chama neste corpo a Testemunha, o Diretor, o Defensor, o Desfrutador, o Grande Senhor e o Espírito Supremo (*Paramātmā*)".

Não imagine que a palavra *Paramātmā* aqui utilizada se refere a *Parabrahman*. Eu já disse que se aplica ao próprio Krishna. Apesar de ele ser *Kshetrajña*, não é responsável pelo *Karma* e isto é explicado nos versículos 30 e 32 do mesmo capítulo:

"Ele percebe a verdade real de quem vê que esse *Karma* é o resultado de *Prakriti* e que o *Ātmā* não produz nenhum *Karma*".

"Este imperecível e supremo *Ātmā* não produz nenhum *Karma* e não sente os efeitos do *Karma*, mesmo quando existe no corpo, já que é sem princípio e sem *Guna*".

Em todo o capítulo XIV, Krishna repudia claramente qualquer responsabilidade pelo *Karma* ou por qualquer dos efeitos produzidos pelas três *Gunas,* que são as filhas de *Mūlaprakriti.* Vejam o verso 19, por exemplo:

"Quando o (perspicaz) observador não reconhece nenhum outro agente (do *Karma*) que não sejam as qualidades (de *Prakriti*) e sabe o que está além dessas qualidades, alcança meu ser".

E agora vamos ao verso que encerra esse capítulo, uma passagem à qual já nos referimos em outro momento:

"Eu sou a imagem de *Parabrahman,* que é indestrutível, imutável e (eu sou) a morada do *Dharma* Eterno (a Lei) e da felicidade absoluta".

Aqui, diz que é a imagem de *Parabrahman*, que é eterno e não tem *Vikarmam* e é a morada onde reside o *Dharma* Eterno do Cosmos e também é a morada da felicidade, e é por essa razão que o *Logos* é frequentemente descrito como *Sachchidānanda.* É *Sat*, porque é *Parabrahman*; e *Chit*, porque contém em si mesmo o *Dharma* Eterno do Cosmos, toda a lei da evolução cósmica; é *ānanda*, porque é a morada da felicidade, e a maior bem-aventurança possível para o homem, o que é conseguido quando a alma humana alcança o *Logos.*

Agora vejamos no capítulo XV, verso 7, uma passagem que infelizmente deu lugar a muitas disputas sectárias:

"É o *amsha* que emana de mim e que se manifesta desde o princípio dos tempos que se converte no *Jīva* no mundo dos seres vivos e atrai a mente e os outros cinco sentidos que têm sua base em *Prakriti*".

A proposição aqui apresentada é uma questão de inferência necessária e quase inevitável das premissas estabelecidas por mim: se o que constitui o *Jīva* é a luz do *Logos, Chaitanyam*, a qual, que ao diferenciar-se, forma o Ego individual em combinação com o *Karanopādhi*.

Não necessito comentar todas as controvérsias suscitadas por essa passagem. O verso talvez admita mais de uma interpretação, e as diferentes interpretações foram necessárias para as diferentes premissas das quais os intérpretes partiram.

Leiamos agora o verso 8:

"Quando o senhor *Jīva* (Ego humano) deixa um corpo e entra em outro, leva consigo os sentidos, como o vento leva a fragrância das flores desde sua fonte".

Aqui Krishna se refere à individualidade humana que reside no *Kārana sharīra*. É a Mônada humana ou *Kārana sharīra*, o único enlace que conecta as diversas encarnações do homem; quando abandona o corpo rumo ao *Devachan*, leva consigo o germe da existência consciente, a essência dos cinco *Tanmātras*, o *Manas* e o *Ahankāram*. Num sentido estrito, em cada etapa da existência consciente existem sete elementos que sempre estão presentes, a saber: os cinco sentidos, a mente (também conhecida como um sentido por alguns de nossos filósofos) e o Ego. Estes são os sete elementos que constantemente se manifestam, sempre que a consciência manifesta a si mesma ou que a existência consciente aparece. Existem no *sthūla sharīra*, e também no *sūkshma sharīra* e estão latentes no *Kārana sharīra*. Não só estão latentes no *Kārana sharīra*, como também residem nele os impulsos gerados em relação aos sete elementos da existência consciente e formam essa energia latente que tenta usar a si mesma, digamos assim, provocando as futuras encarnações; o entorno é o que está determinado pelo *Karma* passado do homem e os impulsos gerados desta maneira.

Dirijamos nossa atenção para os versos 12-14:

"Saibam que o esplendor que pertence ao sol e ilumina todo o mundo, que está na lua e no fogo, provém de mim".

"Ao entrar na terra, eu sustento todas as coisas com minha energia e sou a causa da umidade que nutre as ervas".

"Ao converter-me no fogo (da digestão), entro nos corpos de tudo o que respira e ao unir-me com *Prāna e Apāna,* digiro o alimento dos quatro tipos".

Devo assinalar o que Krishna realmente quer dizer: sua energia dá à matéria todas as suas propriedades e todas as propriedades que agora associamos com a matéria e todas aquelas tendências de ação química que vemos nos elementos químicos, não pertenciam a eles originalmente.

Ao examinar *Mūlaprakriti*, nenhuma destas tendências se encontram presentes nela. É simplesmente a matéria, ou a substância, que está dotada destas propriedades pela ação sobre ela da corrente de vida que emana do *Logos.* Por conseguinte, Krishna diz que todas as qualidades exibidas na matéria, como no fogo, o sol, a luz ou qualquer outro objeto que possam considerar, originalmente emanam dele, porque foi sua vida, sua energia, a que dá à matéria todas as qualidades que lhe permitem posteriormente formar os distintos organismos que agora vemos no Cosmos manifestado. Em relação a este ponto, acharão interessante mencionar o que se afirma, creio, em um dos dez *Upanishads* (*Kenopanishad*) com referência à misteriosa aparição de *Parashakti* (*Daiviprakriti*), em *svarga*.

Quando *Parashakti* apareceu pela primeira vez, *Indra* queria saber o que era. A primeira vez, enviou *Agni* para perguntar o que é que tinha aparecido nessa forma peculiar. Então, *Parashakti* perguntou a *Agni* que funções cumpria ou quais eram suas capacidades latentes. *Agni* respondeu que podia reduzir quase tudo a cinzas. E com a finalidade de mostrar que esse atributo não pertencia originalmente a *Agni*, mas que simplesmente lhe havia sido emprestado, *Parashakti* colocou diante dele um pouco de erva e lhe pediu que o reduzisse a cinzas. Ele fez todo o possível, mas não conseguiu. *Vayu* foi enviado depois, porém falhou de maneira semelhante. Tudo isto se fez para demonstrar que *Parashakti*, ou a luz do *Logos*, dota inclusive os *Panchatanmātras* com qualidades que não pertenciam originalmente a *Mūlaprakriti*. Krishna tem razão ao dizer que constitui a verdadeira energia do fogo e de todas as coisas enumeradas.

Agora, voltemos ao verso 16 do mesmo capítulo, que também deu lugar a um considerável número de interpretações:

"Estes dois *Purushas*, o perecível e o imperecível, existem no mundo. O perecível compreende a todos os seres viventes e o imperecível é chamado de *Kūtastha*".

O significado aqui só é suficientemente claro se for lido à luz das explicações já dadas. Krishna primeiro divide em duas classes todas as entidades existentes, aquilo que não é permanente, *Kshara*, referindo-se ao Cosmos manifestado, e *Akshara* ou imperecível, que ele chama *Kūthasthma,* a *Prakriti* indiferenciada. Também utiliza a mesma palavra em outra passagem, em relação ao *Avyakta* dos samkyas, e é natural concluir que aqui utiliza a mesma palavra no mesmo sentido.

No verso seguinte, diz que estas duas classes são inferiores a ele. Ainda que *Akshara* não seja destruído no momento do *pralaya* cósmico, como ocorre com todas as coisas que provêm dele; contudo, sua própria natureza é superior à deste *Akshara* e é por isso que se chama *Uttama Purusha*. Podemos ler isso no verso 17:

"Porém há outro, o supremo *Uttama Purusha*, chamado *Paramātmā* (o *Ātmā* supremo), o Senhor imperecível que impregna e sustenta os três mundos".

A este respeito, vou remetê-los ao verso 66, do capítulo XVIII:

"Renunciando a todas as práticas religiosas, vem a mim como o único refúgio. Libertar-te-ei de todo pecado, não te aflijas".

Acima de tudo, essa é uma declaração inconfundível de que ele é o único e mais efetivo meio para obter a salvação. Essas são todas as passagens às quais eu gostaria de lhes remeter com relação ao *Logos*. As passagens lidas vão mais além, creio, ao apoiar cada uma das premissas que estabeleci com relação a ele, no que diz respeito à sua própria e inerente natureza e à sua relação com o Cosmos e com o homem.

Quanto a *Mūlaprakriti,* já lhes indiquei vários lugares onde se fala de *Parabrahman* e do *Logos.* Há uma passagem, entretanto, que não citei. Creio que indiquei claramente a diferença entre este *Avyakta* ou *Mūlaprakriti* e o *Logos,* assim como a que existe entre *Mūlaprakriti* e *Daiviprakriti.*

Também disse que *Mūlaprakriti* não deve ser confundida com *Parabrahman.* Se ela pode ser considerada algo, não é mais que um véu de *Parabrahman.* Com o objetivo de apoiar minhas afirmações, peço-lhes agora que nos dirijamos ao capítulo VIII, verso 20:

"Porém, existe outro *Avyakta* superior ao *Avyakta* antes mencionado, que não tem princípio e sobrevive quando todos os *bhutams* perecem".

Também devemos ler os versos anteriores.

"Diante da aproximação do dia, todas as manifestações procedem de *Avyakta*; na aproximação da noite, são absorvidas por *Avyakta*".

"Todos estes seres juntos, produzidos uma e outra vez, se dissolvem na proximidade da noite, Ó *Partha* (Arjuna), e evoluem involuntariamente ante a proximidade do dia".

Aqui Krishna diz que no momento de despertar do Cosmos para uma condição de atividade, todos os *bhutams* surgem deste *Avyakta*; quando chega o momento do *Pralaya*, regressam ao *Avyakta.* Porém, no caso deste *Avyakta* ser confundido com *Parabrahman*, cabe assinalar que existe uma entidade superior a esta, que também é chamada *Avyakta*, mas que é diferente do *Avyakta* dos samkyas e que é, inclusive, existente antes dele. De fato, é *Parabrahman.*

Não é uma entidade evolucionada e não vai perecer, nem sequer no momento do *pralaya* cósmico, porque é a base una, não só de todo o Cosmos, como também desta *Mūlaprakriti*, que parece ser o fundamento do Cosmos.

No que diz respeito a *Daiviprakriti*, já chamei a atenção de vocês para as passagens no capítulo VII, que se referem a ela.

Portanto, os quatro grandes princípios que enumerei e descrevi, como constitutivos dos quatro princípios do Cosmos infinito, são descritos e explicados exatamente da maneira que eu mesmo adotei nos ensinamentos deste livro.

Krishna não entra nos detalhes dos quatro princípios que existem no Sistema Solar manifestado, pois no que se refere ao objetivo último de seu ensinamento, não é absolutamente necessário que ele entre nos detalhes dessa questão; e quanto à relação dos *upādhis* microcósmicos com a alma e sua relação mútua, em vez de dar todos os detalhes da filosofia relacionados com eles, refere-se aos *Brahmasūtras,* nos quais o tema é amplamente discutido.

O chamado *Prasthanathraya*, em cuja autoridade nossos filósofos antigos se baseavam, composto pela *Bhagavad-Gitā,* os dez *Upanishads* e os *Brahmasūtras*, devem ser examinados a fundo para encontrar uma explicação completa de toda a teoria.

O objetivo principal da *Bhagavad-Gitā*, uma das fontes principais da filosofia hindu, é explicar os princípios superiores operantes no Cosmos, que são onipresentes, permanentes e comuns a todos os Sistemas Solares.

O objetivo principal dos *Upanishads* é indicar a natureza deste Cosmos manifestado e os princípios e as energias presentes nele.

Por último, nos *Brahmasūtras* se faz uma tentativa de elaborar uma teoria clara e consistente sobre a composição da entidade que chamamos ser humano, a conexão da alma com os três *upādhis*, sua natureza e sua conexão com a alma, por um lado, e entre eles mesmos, por outro. Entretanto, esses livros não se dedicam somente a esses temas, mas cada livro se ocupa de maneira destacada de um deles, e é somente quando os três forem tomados em consideração é que vocês terão uma teoria consistente de toda a Filosofia Vedanta.

E agora, tomando como verdadeiras as ideias que estabelecemos, quais são as conclusões a que necessariamente chegamos?

Para tanto, o conjunto da *Bhagavad-Gitā* pode ser dividido em três partes. Dos primeiros seis capítulos, o primeiro é meramente introdutório, os capítulos restantes se ocupam das cinco teorias que têm sido sugeridas por vários filósofos e que apontam para o homem o caminho da salvação; os seis capítulos seguintes explicam a teoria que Krishna defende, indicando o que ele recomenda como o melhor caminho a seguir e dando as explicações necessárias. Nos últimos seis capítulos, Krishna tenta mostrar, através de vários argumentos, que *Prakriti* é a principal responsável pelo *Karma*, pelas diversas qualidades intelectuais e morais que exibem os seres humanos, pela variedade da natureza emocional e pelas diversas práticas que se seguem. Neste momento é impossível para mim entrar em todos os detalhes deste argumento.

Ao estudar este livro, os últimos seis capítulos devem ser lidos primeiro, devido ao fato de que um dos princípios fundamentais a ser tomado em conta, no tratamento das várias medidas recomendadas, está neles enumerado e estabelecido; e nossas conclusões terão de ser mudadas se o que a doutrina desses seis capítulos pretende ensinar resultar ser falsa e insustentável. Naturalmente, nesses seis capítulos, são considerados os exemplos, não dos assuntos com os quais na realidade estamos familiarizados, mas de assuntos que, no momento em que Krishna proferiu esse discurso, eram perfeitamente inteligíveis para seus ouvintes e para o público daquela época, e com aquilo que eles estavam totalmente familiarizados. Assim, é possível que, nos exemplos dados, não sejamos capazes de encontrar esses argumentos e essas considerações que, talvez, um escritor moderno apresentaria à mente do leitor, ao tratar de apoiar as mesmas conclusões. Apesar disso, a natureza do argumento é a mesma e a conclusão é correta para qualquer época.

Os exemplos, sem dúvida, serão acessíveis, se forem necessários, a outras áreas do conhecimento humano, com as quais nesse momento estivermos familiarizados. Não é necessário um argumento muito extenso para demonstrar que as obras do professor Bain e de Herbert Spencer foram lidas tão amplamente, que o organismo físico humano tem uma grande relação com a estrutura mental do homem; e, de fato, toda a psicologia moderna está tratando de encontrar um fundamento para si mesma na Fisiologia, e assim, talvez, está indo aos extremos nesta direção. O grande filósofo francês originador do que se chama de positivismo, não atribuiria em sua classificação das ciências um lugar separado para a Psicologia. Ele queria dar à Psicologia um lugar subordinado e incluí-la como um ramo da Fisiologia.

Essa classificação mostra os extremos aos quais esta tendência pode conduzir. Se tudo o que se encontra no corpo não é mais que o material de que ele é composto, a verdadeira Psicologia não é mais que Fisiologia e a mente não é mais que algo próximo à matéria. Porém, existe algo mais que o mero organismo físico; existe esta essência invisível chamada de o supremo *Chaitanyam*, que constitui a individualidade do homem e é, além disso, essa energia que se manifesta como a consciência por trás da individualidade.

Ela não é material e dificilmente a ciência será capaz de obter uma visão de sua verdadeira natureza até que comece a adotar os métodos de todos os grandes ocultistas, que tentaram sondar este mistério. Mas em todo caso, deve-se reconhecer que, seja qual for a verdadeira natureza dessa essência ou força de vida, a constituição humana ou o corpo físico tem muito a ver com o desenvolvimento mental e o caráter de um ser humano.

Naturalmente, a força que opera em todos estes *upādhis* é, digamos assim, incolor, e não pode por si mesma produzir nenhum resultado. Porém, quando atua em conjunto com *Prakriti*, é a força que é o substrato de todos os reinos; e quase todas as coisas no Cosmos têm, em certo sentido, origem nesta força. Entretanto, quando começam a considerar formas particulares de existência consciente, características e desenvolvimentos particulares, terão que segui-los, num sentido estrito, até os *upādhis* ou as formas materiais em que a força está atuando, e não até a própria força. Assim, Krishna diz que todo o *Karma* pode ser seguido até os *upādhis* e, portanto, até *Prakriti*. O *Karma* em si mesmo depende da existência consciente. A existência consciente depende inteiramente da constituição da mente do homem e esta depende do sistema nervoso do corpo e dos distintos elementos existentes nele, a natureza dos elementos astrais e as energias armazenadas no *Kāranopādhi*.

Inclusive no caso do corpo astral, a mesma lei é válida. Para começar, há a aura, a qual é material no sentido estrito da palavra, e compõe o seu *upādhi*. Por trás dela, há a energia, a base desse sentimento de Eu que mesmo o homem astral experimenta.

Elevando-nos ainda mais, ao *Kārana sharīra*, novamente podemos encontrar esta força invisível, incolor, atuando dentro de seu *upādhi*, que contém dentro de si as características do Ego individual.

Para onde quer que vão, vocês verão que o *Karma* e as *gunas* emanam de *Prakriti*: o *upādhi* é a causa da existência individual.

A existência em si mesma, refiro-me à existência vivente, pode, entretanto, ser seguida até esta luz. Toda a existência consciente pode ser rastreada até essa luz. Ademais, quando a inteligência espiritual se desenvolve, a inteligência surge diretamente dela.

Agora, suponhamos que esta seja a conclusão que estamos dispostos a admitir, e não preciso entrar em detalhes sobre o argumento que se encontra amplamente nos últimos seis capítulos. Examinemos agora, por ordem, as diversas teorias propostas por diferentes filósofos. Eu as tomarei da maneira conforme tratei delas nos primeiros seis capítulos deste livro.

O primeiro capítulo é meramente introdutório. O segundo trata da *Samkya Yoga*; o terceiro, da *Karma Yoga*; o quarto, de *Jñana Yoga*; o quinto, de *Karmasanyasa Yoga*, e o sexto se ocupa de *Ātmāsamyama Yoga*.

Essas são as teorias sugeridas por outros filósofos, e nessa lista Krishna não inclui o caminho para a salvação, assinalado por ele mesmo, conforme exposto no segundo grupo de seis capítulos. Creio que quase todas as diversas sugestões feitas por diferentes filósofos podem entrar num ou noutro destes enunciados. Para completar a lista há o método sugerido pelo próprio Krishna, qualificado como de aplicabilidade universal; situado num segundo plano, desconhecido e nunca visto, encontra-se o método oculto, todos aqueles sistemas de iniciação surgiram para facilitá-lo. Como este método oculto não é de aplicação universal, Krishna o deixa em segundo plano e coloca sua doutrina de maneira tal que possa ser aplicável a toda a humanidade. Ele assinala os defeitos de cada um dos outros sistemas e toma, por assim dizer, a melhor parte das cinco teorias, e lhes acrescenta o único elemento sem o qual cada uma destas teorias se converteria em falsa. Ela, portanto, constrói a teoria que recomenda para a aceitação da humanidade.

Tomemos, por exemplo, a Filosofia Samkya. Já expliquei a doutrina peculiar dos filósofos samkya, que seu próprio *Avyakta* foi o único automanifestado em todas as partes, em todos os *upādhis*. Isso é mais ou menos seu *Purusha*. Este *Purusha* é totalmente passivo. Não é o *Eswara* [*Ishvara*], nem o Deus criador ativo, mas simplesmente uma espécie de substrato passivo do Cosmos; e tudo o que está feito no Cosmos é feito por *Prakriti*, que produz todos os organismos ou *upādhis* que constituem a soma total do Cosmos. Eles aceitam a opinião de que o *Karma,* e todos os resultados que surgem dele, têm sua origem nesta *Māyā* ou *Prakriti*, neste substrato que forma a base de toda manifestação. Agora, é através da ação deste *Karma* que a existência individual faz sua aparição. Por causa deste *Karma* mantém-se a existência individual e é por causa do *Karma* que o homem sofre todas as dores e aflições da existência terrena. Nascimento, vida e morte e todos os inumeráveis males aos quais a natureza humana está sujeita são suportados pela humanidade devido a este *Karma*. Ao garantir suas premissas, se a ambição de suas vidas é pôr fim a todas as aflições terrenas, então seu objetivo deve ser pôr fim à operação deste *Karma*.

Mas a pergunta é: como se pode fazer isso? Enquanto *Parabrahman* permanece passivo, *Prakriti* segue criando o Cosmos sem a interferência dele. Não é possível desfazer-se completamente de *Prakriti* ou de suas *gunas*. Tampouco se pode eliminar todas as propriedades do fogo ou da água. Portanto, ao ser o *Karma* o resultado inevitável de *Prakriti* e como *Prakriti* segue existindo enquanto existirem seres humanos, é inútil tentar se desfazer do *Karma*. Porém, é dito que vocês devem tratar de se desfazer dos efeitos do *Karma*, reduzindo-se vocês mesmos ao estado passivo de existência no qual *Parabrahman* está, permanecendo simplesmente como uma testemunha desinteressada. Façam *Karma*, não com o desejo de fazê-lo, mas a partir de um sentido de dever, porque têm de fazê-lo. Os samkyas dizem: renunciem a *sangam*, o desejo de produzir *Karma*, que por si só parece conectar a alma a ele, e renunciem a esta conexão que por si só torna a alma responsável pelo *Karma*.

O que acontecerá então? Dizem que quando se renuncia a esse desejo, o *Karma* se torna cada vez mais débil em sua capacidade de nos afetar, até que finalmente chega-se a um estado no qual não se é afetado absolutamente pelo *Karma*, e essa condição é a condição de *Mukti*. Então, vocês se converterão no que eram originalmente. Vocês mesmos não são mais do que uma manifestação ilusória de *Avyakta*, e uma vez que esta aparência enganosa deixa de existir, se convertem em *Parabrahman*.

Essa é a teoria sugerida pelos samkyas. Além disso, como este *Avyakta*, que existe em todas as partes, é eterno e não pode ser afetado por nada, constitui a verdadeira alma do homem, para considerá-lo responsável por qualquer *Karma*, mostra-se no capítulo do qual tratamos, apenas como um produto da imaginação de Arjuna. O Ser não pode matar o Ser. Tudo o que o Ser real faz é, em realidade, aquilo que ele faz por meio das diversas formas de *Prakriti*. O substrato uno é imutável e nunca pode ser afetado por nenhuma ação de *Prakriti*. Por uma ou outra razão inexplicável, o ser uno parece ter descido da condição de existência passiva e assumido uma existência individual ativa e ilusória em seu próprio ser. Tentem se desfazer desta aparência enganosa, então, como resultado, alcança-se o *Nirvāna*.

Krishna examina essa teoria. Ele admite duas das premissas. Ele diz que todo este *Karma* se deve ao *upādhi* e conduz à existência condicionada, sujeita a todas as dores e aflições da vida. Porém nega que o fim supremo da vida do homem seja alcançar este *Avyakta* e afirma, além disso, que é muito mais difícil chegar a este *Avyakta* que chegar a si mesmo, e que inclusive se aqueles que dirigem todos os seus esforços para a consecução deste *Avyakta* conseguem algum êxito, este só pode ser o de unir-se a ele [Krishna], porque do contrário é impossível alcançar o *Avyakta*. Ainda que sejam aceitas duas das conclusões dos samkyas, assinala que o objetivo real não é o que eles postulam.

Passemos agora ao segundo sistema. Este é principalmente esse tipo de filosofia que ensinam os seguidores da *Pūrva Mīmānsā*. Toda forma de ritualismo tem sua base na Filosofia de *Karmakanda*. Os argumentos aqui utilizados por Krishna para apoiar suas próprias conclusões não serão suficientemente inteligíveis para nossas mentes, pela simples razão de que os tempos mudaram durante os últimos cinco mil anos. No momento em que se deu este discurso, o ritual védico era seguido estritamente e as conclusões dos seguidores da *Pūrva Mīmānsā* eram muito conhecidas e também eram um tema comum de discussão. Essa filosofia pretendia proporcionar uma solução para todos os problemas que eram comuns aos outros sistemas de filosofia que se desenvolveram naquela época. Mas alguns dos argumentos esgrimidos por *Karma* Iogues podem ser estendidos para além da forma limitada que se encontra nos livros e podem inclusive ser aplicados à vida nos tempos modernos.

Os *Karma* Iogues dizem: é verdade, este *Karma* pode ser devido ao *upādhi*, porém não é devido somente ao *upādhi*, deve-se aos efeitos produzidos pelos dois elementos, *upādhi* e *Chaitanyam*. Esses filósofos que querem rechaçar todo o *Karma*, pretendem renunciar a ele completamente. Mas essa é uma tarefa impossível. Nenhum homem, enquanto for um ser humano, pode renunciar completamente ao *Karma*. Ele está pelo menos obrigado a fazer o que a mera existência de seu corpo físico requer, a menos que em verdade queira morrer de fome, ou dar um final prematuro à sua vida.

Suponhamos que renunciem ao *Karma*, ou seja, que se abstenham dele em *ação*, como podem manter o controle de suas próprias mentes? É inútil abster-se de um ato e logo estar constantemente pensando nele. Se chegam à decisão de que devem renunciar ao *Karma,* necessariamente precisam inferir que nem sequer têm que pensar nestas coisas. Dito isto, vejamos em que condição eles podem colocar a si mesmos. Como quase todos os nossos estados mentais têm alguma relação com o mundo dos fenômenos e estão de alguma maneira relacionados ao *Karma* em suas diversas fases, é difícil entender como é possível para um homem renunciar a todo o *Karma*, a menos que possa aniquilar sua mente, ou entrar em um estado eterno de *Sushupti*. Além do mais, é preciso renunciar a todo o *Karma*, renunciar tanto ao bom *Karma* quanto ao mau, porque o *Karma*, em seu sentido mais amplo, não se limita unicamente às más ações. Se todas as pessoas no mundo renunciarem ao *Karma*, como o mundo vai existir? Não é provável então que se ponha fim a todos os bons impulsos, a todos os atos patrióticos e filantrópicos, que todas as boas pessoas que se esforçaram e se esforçam por realizar atos desinteressados pelo bem de seus semelhantes sejam impedidas de realizá-los? Se for pedido a todos que abandonem o *Karma*, simplesmente serão criados muitos zangões preguiçosos e as pessoas boas serão impedidas de beneficiar seus semelhantes.

Ademais, pode-se argumentar que não se trata de uma forma de aplicação universal. Que poucos no mundo podem renunciar a todo seu *Karma* e reduzir-se a uma posição de inatividade eterna. E se for pedido a essas pessoas que sigam este caminho, elas podem, em lugar de renunciar ao *Karma*, simplesmente converter-se em pessoas ociosas, preguiçosas, que realmente não renunciaram a nada. Qual é o significado da expressão "renunciar ao *Karma*"? Krishna diz que se abster de fazer algo pode trazer efeitos de *Karma* ativo e no *Karma* ativo pode não haver resultados *kármicos* reais. Se alguém mata um homem, trata-se de um assassino, responsável por essa ação. Porém, suponhamos que alguém se negue a alimentar seus pais anciões e eles morram como consequência de sua negligência, quer dizer que não são responsáveis por esse *Karma?* Pode-se falar da maneira mais metafísica que quiser, mas não é possível se desfazer completamente do *Karma*. Esses são os argumentos esgrimidos por um defensor desse segundo ponto de vista.

O desafortunado erro que os *Karma* Iogues cometem é o seguinte: em seu sistema se diz pouco ou nada sobre o *Logos*. Aceitam os trinta e três *crores* de deuses mencionados nos *Vedas* e dizem que os *Vedas* representam o *Logos* ou *Verbum*. Dizem "os *Vedas* prescreveram um determinado caminho a seguir, e não é para que digam se tal caminho é ou não capaz de produzir o resultado a ser alcançado. Devem tomar o que se afirma nos *Vedas* como verdade absoluta e realizar os diversos rituais que são prescritos, e assim serão capazes de alcançar o *swargam*. Os *Devas* assistirão seus esforços e, ao final, a felicidade suprema será alcançada. Por se tratar do rumo prescrito, não somos chamados a renunciar a todo o *Karma* e, por conseguinte, lançar todas as instituições existentes num estado de confusão inextrincável."

A esses *karmayadis*, Krishna diz: "Uma de suas conclusões, a aceito; a outra, a nego. Admito que um número incalculável de más consequências se seguirá como resultado de se dizer às pessoas que abandonem o *Karma*, mas não posso admitir que seu culto aos *Devas* seja, em absoluto, algo desejável."

Quem e o que são esses *Devas*? "São seres no plano de *Kārana sharīra*. Nunca podem lhes dar a imortalidade, porque eles próprios não são imortais. Mesmo se, ao adorá-los, vocês se habilitem a alcançar o *svarga*, terão de retornar consequentemente à existência objetiva numa nova encarnação. A felicidade que *svarga* lhes pode dar não é eterna e permanente, mas está sujeita a esta perturbação. E mais ainda, se adoram os *Devas*, concentrando sua mente neles e convertendo-os no único objeto de sua atenção, é o *bhava* deles o que vocês obterão e não o meu". Tomando todas estas circunstâncias em consideração e admitindo as muitas consequências danosas que, na opinião dele, se seguirão como resultado de se recomendar a todo ser humano que abandone o *Karma,* Krishna agrega a este sistema tudo o que se encontra no ensinamento que faz do *Logos* o meio de salvação; e recomenda ao homem que busca obter a imortalidade um método que de fato lhe permitirá alcançá-la, e não um que pode terminar na necessidade de passar por outra encarnação ou de ser absorvido por outro ser espiritual, cuja existência não é imortal. Além disso, todos esses trinta e três *crores* de deuses vêm à existência no começo de cada *Manvantara* e desaparecem com o *Pralaya*. Assim, como mesmo a existência dos próprios *Deva*s não é permanente, vocês não podem esperar que a existência de vocês seja permanente fundindo-a ao plano de existência deles.

Passo agora à terceira teoria, o *Karma Sanyasa Yoga*. Esta é rechaçada de imediato por Krishna, por ser o curso mais danoso e inclusive impossível de seguir. Todas as vantagens que sua busca oferece podem ser obtidas ao realizar o *Karma*, não como uma questão de afeto, paixão ou desejo humanos, mas como uma questão de dever.

O quarto sistema é o de *Jñana Yoga*. Quando começamos a nos dar conta de que o ritualismo não era nada mais do que um ato físico e que era totalmente sem sentido, a menos que fosse acompanhado pelo conhecimento adequado, disseram que não era o *Karma* sugerido pelos seguidores de *Pūrva Mīmānsā* ou os seguidores de qualquer outro ritual em particular, que não teria nenhuma utilidade para a salvação do homem, mas que o conhecimento ou os elementos intelectuais em que se baseia o ritual seriam muito mais importantes do que qualquer ato físico.

Como diz Krishna, seu lema é que todo o *Karma* está destinado simplesmente a ser um passo para adquirir conhecimento ou *Jñana*. Esses filósofos, ainda admitindo que o *Karma* não deva ser rechaçado, prescreveram outros métodos próprios, por meio dos quais pensavam que obteriam a salvação.

Eles disseram: "Considerem o *Karma* como uma espécie de disciplina e tratem de entender o que este *Karma* realmente significa." De fato, é meramente simbólico. Existe um profundo significado que subjaz a todo ritual que se ocupa de entidades reais, com os segredos da Natureza e todas as faculdades integradas ao *prajñā* do homem, e seu significado não deve ser aplicado somente aos atos físicos, porque eles não são mais do que significam suas aparências externas. Além do mero *Karma Yoga*, adotaram outros vários tipos de *Yoga*, como o *japa*. Estritamente falando, este *Karma Yoga* não é absolutamente o *Yoga* propriamente dito. Também acrescentaram a *Antar Yoga*, *Pranagnihotra* e outras coisas que podem ser mais ou menos consideradas como substitutos refinados para o ritual externo. Agora no que diz respeito à teoria desses filósofos, tudo o que Krishna tem a propor é que seu *jñana* deve ser dirigido para sua fonte apropriada. Eles devem ter algum objetivo definido diante deles em sua busca da verdade e não devem simplesmente seguir qualquer *japa* ou *tapas*, ou qualquer outro método que supostamente abra os sentidos interiores do homem, sem ter também uma visão completa de toda a senda a atravessar e o objetivo final a alcançar. Porque se a obtenção do conhecimento é tudo o que vocês necessitam, pode ser que ainda estejam a uma grande distância do *Logos* e do conhecimento espiritual que lhes possa ser dado. Num sentido estrito, todos os cientistas, e todos aqueles que estão indagando os segredos da Natureza, também seguem as recomendações dessa *Jñana Yoga*. Porém, esse tipo de investigação e conhecimento são suficientes para o propósito de permitir ao homem alcançar a imortalidade? Não são, por si só, suficientes para produzir esse efeito. Esse caminho pode, de fato, permitir ao homem conhecer todas as grandes verdades concernentes aos princípios que operam no Cosmos, as quais, por si só, quando devidamente apreciadas e seguidas, podem assegurar ao homem a maior felicidade a que aspira, a imortalidade, ou *Moksha*. Ainda admitindo as vantagens do espírito de investigação recomendado por essa escola, Krishna tenta dirigi-la para a conquista deste objetivo.

Examinemos agora o quinto sistema. Os partidários desse ramo, depois de haver examinado o que foi dito pelos samkyas, assim como todos os ensinamentos dos outros sistemas que descrevemos, chegaram à conclusão de que somente seria possível renunciar ao *Karma*, de verdade e não meramente no nome, se fosse possível de uma maneira ou de outra frear a ação da mente. Na medida em que vocês não conseguem concentrar a mente em si mesmos ou voltar o Ser para o Ser, não é possível restringir a sua natureza, e enquanto não conseguirem fazer isso, é quase impossível submeter *Prakriti* ou elevá-la acima dos efeitos do *Karma*.

Esses filósofos queriam que os homens atuassem de acordo com algumas das recomendações que eles estabeleceram como um meio mais eficaz e positivo para obter o domínio sobre a própria mente, sem o qual consideravam impossível levar a cabo o programa de qualquer uma das escolas, Samkyas ou *Jñana Yoga*. Foi para este fim que apareceram vários sistemas de *Hatha Yoga*, com seus diferentes processos, por meio dos quais o homem tentou controlar a ação de sua própria mente. Foram essas pessoas as que recomendaram o que poderia se chamar *Abhiasa Yoga*. Qualquer que seja o caminho definitivo que se escolha, seja o *Hatha Yoga* ou a divisão do *Raja Yoga* que não se refere necessariamente às iniciações secretas, o objetivo é o mesmo e o propósito final é a obtenção de um perfeito controle sobre si próprio.

Krishna aceita essa recomendação de praticar e obter o autodomínio. Porém, ele somaria meios mais eficazes de obter o fim desejado, meios suficientes em si mesmos para que possam chegar a esse objetivo. Ele ressalta que a *Abhiasa Yoga* não somente é um treinamento útil no nascimento, mas que é provável que deixe impulsos permanentes na alma de um homem, os quais virão em seu resgate em encarnações futuras. Quanto às dificuldades reais que são encontradas ao se seguir esse sistema, não preciso falar agora, porque todos vocês são conscientes das dificuldades encontradas em geral pelos *Hatha* Iogues. Muitos de nossos próprios membros fizeram alguns esforços nessa direção e eles saberão por experiência própria que dificuldades se encontram no caminho. Krishna, ao recomendar seu próprio método, combina tudo que é bom dos cinco sistemas e acrescenta todos os meios necessários para obter a salvação que se infere a partir da existência do *Logos* e sua relação real com o homem e com todos os princípios que operam no Cosmos. Seu método é certamente mais amplo que qualquer das teorias a partir das quais começaram essas diversas escolas de filosofia, e é essa teoria que ele tenta ensinar nos seis capítulos seguintes.

Como já me referi a diversas passagens desses seis capítulos para mostrar sob que luz o *Logos* deve ser considerado, não preciso dizer mais nada agora, e se vocês levarem em conta as observações que já fiz, o significado não será muito difícil de encontrar.

Neste sentido, há um ponto sobre o qual me pediram uma explicação.

É feita referência neste livro a *uttarāyana* e *dakchināyana,* ou o dia e a noite, a luz e a obscuridade. Simbolizam os dois caminhos, *pravrittimārga* e *nivrittimārga.* O que ele chama *uttarāyana* é *nivrittimārga*, representado como o dia ou o caminho da luz, o caminho que ele recomenda; e o outro, *dakchināyana* é *pravrittimārga,* ou a senda que conduz à existência encarnada neste mundo.

Porém, há uma expressão no livro que é significativa. Krishna diz que aqueles que seguem este segundo caminho alcançam *Chandramasamjyoti* e voltam dali, enquanto que os que seguem o primeiro método chegam a *Brahman.* Este *Chandramasamjyoti* é em realidade um símbolo da existência *devachânica*. A lua brilha, não por sua própria luz, mas pela luz procedente do sol. Do mesmo modo, o *Kārana sharīra* brilha pela luz que emana do *Logos*, que é a única fonte real de luz e não por luz inerente. O que vai ao *Devachan* ou *svarga* é este *Kārana sharīra* e é o que volta do *Devachan*. Krishna tenta indicar a natureza do *Logos*, comparando-o com o sol ou algo que o sol simboliza.

É possível que aqui eu chame sua atenção sobre outra contingência que pode ocorrer ao homem depois da morte, além das que já enumerei. Os que leram *Esoteric Buddhism*, do Sr. Sinnett, talvez recordem que ele fala do terrível destino que poderia sobrevir à alma no que ele chama a oitava esfera. Isso deu lugar a muitos mal-entendidos. O estado real das coisas é que o *Kārana sharīra* pode, em circunstâncias muito extremas, morrer, como morre o corpo físico ou o corpo astral. Suponhamos que no transcurso do tempo, o *Kārana sharīra* se reduza, pela persistência de um mal *Karma*, a uma condição de existência física, o que torna impossível para ele refletir a luz do *Logos*; ou suponhamos que aquilo do que ele se alimenta, por assim dizer, o bom *Karma* do homem, perde toda sua energia, e que não há tendências de ação que se comuniquem com ele; então, o resultado pode ser que o *Kārana sharīra* morra ou se converta em uma mera adição inútil de partículas, em lugar de ser um organismo vivo, do mesmo modo que o corpo físico se decompõe e se converte em um cadáver quando o princípio de vida o deixa.

O *Kārana sharīra* pode chegar a estar tão contaminado e a não ser apto para refletir a luz do *Logos*, a ponto de tornar impossível qualquer futura existência individual; e, logo, o resultado é a aniquilação, que é simplesmente o destino mais terrível que pode ocorrer a um ser humano. Sem avançar, devo me deter aqui. Rogo-lhes que tenham isto em mente. Simplesmente iniciamos o estudo da *Bhagavad-Gitā* nessas conferências. Tentem examinar à luz das afirmações que se encontram em nossos próprios livros e nos livros modernos sobre Psicologia e Ciência, se a teoria que coloquei diante de vocês é a teoria apoiada pela própria *Bhagavad-Gitā* ; e, se é defensável ou não, decidam vocês mesmos. Não confiem em uma série de comentários que só os confundirá; em vez disso, tentem interpretar o texto por si mesmos, até onde sua inteligência o permita; e se pensam que esta é realmente uma teoria correta, tentem segui-la e pensar em toda a filosofia por vocês mesmos. Descobri que se obtém mais com a concentração do pensamento e a meditação, do que com a leitura de um grande número de livros, ou escutando qualquer quantidade de conferências. As conferências são totalmente inúteis, a menos que pensem a respeito delas por si mesmos. A Sociedade Teosófica não pode lhes proporcionar alimento filosófico já digerido, como se estivessem no estado ideal de passividade almejado pelos defensores da Filosofia Samkya; mas o que se espera é que cada um de vocês leia e estude o tema por si mesmos. Leiam e adquiram conhecimentos e em seguida usem o que obtiveram em benefício de seus próprios compatriotas.

A filosofia contida em nossos livros antigos é valiosa, mas se converteram em superstição. Perdemos quase todo o nosso conhecimento. O que chamamos religião não é mais que a casca de uma religião que uma vez existiu como uma fé viva. A Filosofia sublime de Shankaracharya assumiu uma forma bastante desagradável na atualidade. A filosofia de um bom número de advaitas não leva a uma conduta prática. Eles examinaram todos os seus livros e pensam, juntamente com os budistas do sul do Ceilão, que o *Nirvāna* é o *Nirvāna* prometido pelos filósofos samkyas, e em lugar de seguir sua própria filosofia e chegar a uma legítima conclusão, introduziram mediante seu *Panchayatanapuja* e outras observâncias, o que parece ser um compromisso tolo e desnecessário entre as diferentes opiniões dos diversos ramos que existem na Índia.

A Filosofia Visishthadwaita degenerou, converteu-se em pouco mais do que adoração no templo e não causou nenhuma boa impressão na mente dos homens. A Filosofia *Madhwa* converteu-se da mesma maneira e agora é a mais fanática. Por exemplo, Shakaracharya está representado em seu *Manimanjari* como o *rakshasa* de tempos passados. No norte da Índia, as pessoas geralmente recitam o *Saptashati* e muitos adotaram a adoração de *Shakti*. *Kali* é adorada em Calcutá, talvez mais que qualquer outra deidade. Se examinarem estes costumes à luz dos ensinamentos de Krishna, irão notar que em vez de termos o Hinduísmo, assimilamos todo um conjunto de crenças e práticas supersticiosas que de modo algum tendem a promover o bem-estar da nação hindu, mas a desmoralizar e debilitar sua força espiritual, e que levaram à situação atual que, em minha opinião, não é totalmente causada pela transformação política.

Nossa Sociedade se apoia sobre uma base totalmente não sectária; solidarizamo-nos com todas as religiões, mas não pelos abusos mascarados pela religião; e embora simpatizemos com todas as religiões e façamos nossos melhores esforços com a finalidade de recuperar as bases comuns que subjazem todas as crenças religiosas, deveria ser o dever de cada um de nós tentar iluminar nossos compatriotas na filosofia da religião e levá-los de volta a uma fé mais pura, uma fé que, sem dúvida, existiu em tempos passados, mas que agora vive, mas só de nome ou nas páginas de livros esquecidos.

Anexos – Correspondências sobre as Conferências Realizadas

A revista THE THEOSOPHIST, maio de 1887, p. 522-3, publicou a carta seguinte (1), assim como a resposta de T. Subba Row (2).

1) Correspondência de N. Bhashyachary

Senhor,

Com referência às conferências do Sr. Subba Row sobre a *Bhagavad-Gitā*, publicadas em *The Theosophist* de abril de 1887, p. 4456, gostaria de chamar sua atenção com relação ao primeiro *Anhita* de *Mahabhasya,* onde Patañjali fala de três formas manifestadas, *Pashyantī, Madhyamā* e *Vaikharī Vāch:* a forma como as classifica é diferente. Tenho que dizer que o primeiro *Anhika* de *Mahabhasya* não contém nenhum tipo de divisão particular. Patañjali cita um verso do *Rig Veda "Chatvarivak parimitapadam* etc.", e interpreta *"Chatvari vāch" nama, akyata, upasarga e nipata.* O mesmo verso do *Rig Veda* é interpretado por Yaska em seu *Nirukta,* capítulo XII, da mesma forma que por Patañjali, e acrescenta algumas outras explicações além das citadas pelo Sr. Subba Row; também não o faz Kaita, o conhecido comentarista de *Mahabashya,* em seu *Bhashyapradipa.* Porém, Nagesabhatta, comentarista de *Bhashyapradipa,* dá as subdivisões deta-

lhadas do Sr. Subba Row, em seu *Bhashapradipothyota,* referindo-se a Harikarik ou *Vakyapadiya* de Bhartrihari. Este Nagesabhatta fala das mesmas subdivisões no *Spotavada* de seu *Manjusha*; e alguns gramáticos modernos apresentam as mesmas subdivisões e citam o *Mahabharata*; Annambhatta, comentarista do *Bhashyapradipa*, que viveu antes de Nagesabhatta, não interpretou a passagem em questão, da maneira como fez Nagesabhatta.
Por conseguinte, peço-lhe que dirija a atenção do Sr. Subba Row para o antes dito, para explicar o assunto de uma maneira mais adequada. Incluí os presentes extratos de *Mahabhashya, Kaita* e *Nirukta* com relação a este ponto.

O saúda fraternalmente,

N. Bhashyachary

2) Resposta de T. Subba Row à correspondência de N. Bhashyachary:

Senhor,

Tenho que agradecer o Sr. Bhashyachary por ter chamado minha atenção para a referência errônea dada em minha terceira conferência. Em vez de me referir a *Bhashyapradipodyota* e *Sphotavada* de Nagesabhatta, me referi, por descuido, ao próprio *Mahabhashyam*. Tive em mente, de maneira especial, as afirmações de Nagesabhatta nas quatro formas de *Vāch* em seu *Sphotavada*, quando fiz as afirmações sobre as quais me adverte a carta de seu correspondente especializado. Patañjali teve que interpretar o *rik* original do *Rig Veda* do ponto de vista de um gramático em seu *Mahabhashya*; porém, imediatamente reconheceu a importância da interpretação feita pelos *Hatha* Iogues e *Raja* Iogues, como pode ser facilmente visto, pelos símbolos que introduziu nos arranjos místicos do templo de Chidambaram. Além da simbologia mística, Nagesabhatta teve autoridades de alta hierarquia e antiguidade para guiá-lo na interpretação deste *rik*. Foram sugeridas quase sete interpretações para este *rik*, por diferentes classes de escritores e filósofos.

As quatro formas de *Vāch* por mim enumeradas são comuns à interpretação dos *Hatha* Iogues e *Mantra* Iogues por um lado, e *Raja* Iogues, por outro. Solicito a seu correspondente especializado que remeta ao comentário de Vidyaranya, no 45º *rik* do 164º *Sukta* do 22º *Anuvaka* da primeira Mandala do *Rig Veda*. A maioria dessas diversas interpretações estão enumeradas e explicadas ali. O comentarista especializado refere-se a *para, pasyantī, madhyamā* e *vaikharī* e indica a ordem de seu desenvolvimento segundo o afirmado por *Mantra* Iogues e *Hatha* Iogues. Será útil fazer referência a *Yoga Sikha* e outros *Upanishads* a este respeito. Ainda existe uma autoridade mais elevada com relação às opiniões expressadas em minha conferência e às declarações feitas por Nagesabhatta no comentário de Shankaracharya sobre *Nrisimhottara Tapani* (Ver a p. 118, edição de Calcutá, da linha 14 até o final de *para*). Estas quatro formas de *Vāch* são explicadas ali, do ponto de vista de *Tharaka Raja Yoga*, que particularmente convido o leitor que preste atenção à explicação de *Madhyamā*. *Madhyamā* é chamado assim, porque ocupa uma posição intermediária entre a forma objetiva e a imagem subjetiva. Ao ler detidamente esta parte do comentário, verá que as explicações dão forma, digamos assim, ao fundamento das distintas declarações feitas por mim em minhas conferências relativas a estas quatro formas de *Vāch*. Se este comentário é atribuído a Shankaracharya, como muitos o fizeram, ou a Goudapatha, como alguns afirmaram, sua autoridade é irrepreensível. Não creio ser necessário referir-me a alguma obra sobre *Mantra Sastra* a este respeito, já que as autoridades antes citadas são amplamente suficientes para justificar minhas afirmações. Talvez faça referência à filosofia mística de *Vāch* mais cuidadosamente em outro encontro.

T.S.R.

gráfika®
papel&cores
Fone:61 3344.3101